C'EST MOI QUI TE LAISSE PARTIR

C'EST MOI QUI TE LAISSE PARTIR

LAURE OLIVIER

❀ Réalisé avec Vellum

TABLE DES MATIÈRES

INTRODUCTION

J'ai écris ce livre alors que j'avais le cœur brisé. J'imagine que c'est ainsi que de nombreux livres sont écrits.

Nous perdons quelque chose que nous aimons et il semble naturel d'essayer de le reconstruire – en ruminant les souvenirs, en décortiquant les faux pas, déversant sur le papier nos espoirs et nos habitudes passés, en espérant qu'une partie de ce que nous avons aimé pourra encore être sauvée.

Si seulement je pouvais rendre cette douleur plus agréable, pensons-nous, au moins elle aurait une raison d'être. Ce serait plus facile à supporter.

Mais la vraie douleur n'est jamais agréable.

Et c'est justement ce que j'ai appris en écrivant ce livre.

Ce livre est une compilation d'articles que j'ai écrits au cours de l'une des années les plus difficiles de ma vie.

Je sortais tout juste de l'université et je venais de me faire larguer. Je commençais le travail de mes rêves et je disais au revoir à des amis que j'aimais. Je tombais amoureuse à certains moments et je m'effondrais à d'autres. J'étais prête à passer à autre chose mais je n'étais pas du tout préparée à lâcher prise. N'est-ce pas ainsi que se produisent la plupart des changements ?

La vie arrive avant que nous ne soyons prêts. Ces pages en témoignent.

Il s'agit d'un livre sur la façon d'aller de l'avant quand on n'en a pas envie. C'est un livre sur la confrontation à un avenir auquel on n'est pas prêt. C'est un livre sur l'acceptation du fait que les cartes qui nous sont données ne sont pas toujours celles que nous voulons jouer, mais nous devons apprendre à continuer à jouer malgré tout.

C'est un livre sur le lâcher-prise.

Sur le fait de savoir se défaire de la douleur et des espérances. Sur le dégoût de soi et sur la fierté. Sur les traumatismes dont nous n'aurions jamais pensé guérir et sur l'amour que nous n'aurions jamais pensé perdre.

Ce livre est un mélange de récits joyeux et légers et de textes plus sérieux et plus sombres. Car la vérité sur le lâcher-prise, c'est qu'il n'est pas linéaire. Il y a des hauts et des bas. Des étapes et des échecs. Dans des moments où le monde semble grand ouvert et des jours où toutes les portes se ferment.

Le lâcher-prise n'est ni simple ni direct. C'est un processus dynamique qui dure toute la vie.

J'espère qu'une partie de ce livre te rejoindra, là où tu en es dans le processus. Car personne d'autre ne peut lâcher prise à ta place. Mais nous avons tous besoin d'un peu de compagnie en chemin.

LIS ÇA SI PERSONNE NE T'A DIT « BONJOUR » AUJOURD'HUI

Tout d'abord : Bonjour, ma belle. Est-ce qu'il est trop tard pour te le dire ? Je sais que tu es probablement éveillée depuis un certain temps, probablement des heures ou même toute la journée. Je sais que tu as peut-être passé tout ce temps sans l'entendre ou le lire, répondant aux amis et à la famille qui te demandaient comment tu allais par un « ça va » sans conviction parce que c'est ce que nous sommes censés faire en tant qu'êtres humains – répondre à des questions significatives par des phrases arbitraires. Je sais que tu ne vas sûrement pas bien. Je sais que tu as peut-être eu une journée morose. Et je sais que quelque chose d'aussi incroyablement banal qu'un « bonjour » aurait pu faire toute la différence du monde. Personne ne l'a fait ? Ce n'est pas grave si c'est le cas. Il n'y a pas de mal à souhaiter ces gestes simples et bienveillants.

Car la vérité, c'est qu'un simple « bonjour » par texto est plus qu'un moyen de communication timide. C'est le signe qu'on pense à nous. Qu'on s'occupe de nous. Aimés par quelqu'un qui n'est peut-être pas immédiatement présent. C'est un rappel – dont nous n'avons pas toujours besoin, mais qui fait du bien parfois – que nous sommes appréciés dans notre intégralité. Alors, si tu n'en as pas reçu un ce matin, voici ce que je veux que tu saches :

Tu mérites de passer une bonne journée aujourd'hui. Non pas en vertu d'une loi universelle qui veut que les bonnes choses arrivent aux bonnes personnes, mais parce que nous le méritons tous et toutes. Nous méritons tous de passer une belle matinée et une journée fantastique, quelle que soit la personne qui nous aime, qui nous apprécie ou qui pense à nous dès le matin. Ce n'est pas parce que quelqu'un n'est pas là pour t'apprécier dans toute ta complexité, que tu ne mérites pas de passer une bonne journée. Et au cas où il n'y aurait personne d'autre pour te le rappeler, voici encore ce que je veux que tu saches :

Il y a une façon particulière de rire qui peut illuminer une pièce entière, ne serait-ce qu'un instant. Il y a une façon de pencher la tête quand tu te concentres qui te donne l'air irrésistiblement embrassable, comme si tu avais été placé sur cette terre uniquement pour fixer les choses et froncer les sourcils de la façon la plus attachante qui soit humainement possible. Il y a un bruit que tu fais quand tu t'endors, un soupir doux, presque inaudible, qui ressemble à l'incarnation céleste de tout ce qui est tranquille et calme. Il y a un millier de subtilités qui composent la mosaïque de qui tu es, et pas une seule n'a cessé d'exister depuis la dernière fois que quelqu'un t'a aimé.

Je sais que nous ne sommes pas censés avoir besoin de rappels à ce sujet. Je sais que nous sommes censés être forts, autosuffisants et confiants, certains de notre propre valeur, ne remettant en question que la valeur des autres. Mais nous sommes humains. Nous oublions.

Nous oublions que nous sommes aimables. Nous oublions que nous sommes désirables. Nous oublions que nous sommes autre chose que les bourreaux de travail durs à cuire et affairés que l'on nous a appris à être. Nous oublions que nous méritons, nous aussi, d'être aimés.

Et voici ce qu'il est le plus facile d'oublier : ce que tu es ne cesse pas d'exister parce qu'il n'y a personne pour l'admirer. La façon dont tu mords ton crayon est toujours aussi mignonne, même s'il n'y a personne pour te taquiner à ce sujet. La façon dont tu te tiens respire toujours la confiance, même s'il n'y a personne pour l'affirmer. La façon dont tes yeux s'illuminent lorsque tu parles de ce que tu aimes est – et sera toujours – séduisante, peu importe qui est là pour t'écouter parler. Toutes les petites bizarreries qui te caractérisent ne s'éteignent pas parce que quelqu'un les a un jour rejetées. Tu mérites toujours de passer une bonne journée, même s'il n'y a personne pour te la souhaiter. Même si tu oublies de te le rappeler.

Un jour, quelqu'un aimera toutes ces petites choses en toi. Quelqu'un aimera la façon dont tu tousses. Quelqu'un rira de la façon dont tu perds tes clés alors que tu les tiens. Un jour, quelqu'un te regardera dans une salle bondée et saura exactement ce que tu ressens d'après la façon dont ta tête penche ou le vin que tu as utilisé pour remplir ton verre. Quelqu'un finira par apprécier toutes tes obscurités, mais pour l'instant, elles n'appartiennent qu'à toi. Et ce n'est pas grave. D'abord et avant tout, tu t'appartiendras toujours à toi-même.

Voici ce que je te demande si tu n'as pas reçu de message de bonjour aujourd'hui : n'oublie pas ce qui te rend incroyable. Ne laisse pas tomber tes propres petites subtilités. Parce que les parties aimables de toi n'ont pas disparu – je te le promets.

Tu es bien plus que la personne à qui personne n'a envoyé de texto ce matin. Tu assures. Tu gères. Tu es un feu ardent et rugissant dans un monde plein de gens qui ont été brûlés. Alors, s'il te plaît, refuse de laisser les personnes blessées t'éteindre. Refuse de te laisser apprivoiser. Refuse de te réduire à un maigre morceau de bois brûlé parce que quelqu'un d'autre ne s'occupe pas de ta flamme.

En fin de compte, nous sommes tous responsables de ce que nous apportons à notre propre vie. Alors, sois la personne qui apporte de la lumière à la tienne, même si personne d'autre ne s'y intéresse pour l'instant. Sois la personne qui passe une bonne journée, même si personne ne le lui souhaite. Trouve un moyen d'alimenter ta flamme quand personne d'autre ne s'en préoccupe, parce que le monde a besoin de la lumière que tu émets.

Et toi, ma belle, tu es une puissance trop intense pour être réduite par quelque chose d'aussi petit et insignifiant que l'absence d'un message de bonjour.

LA VÉRITÉ SUR LES RENCONTRES AU MAUVAIS MOMENT

En matière de relations amoureuses, aucun d'entre nous ne semble parvenir à trouver le bon moment. Nous rencontrons la personne de nos rêves le mois précédant son départ pour étudier à l'étranger. Nous nous lions d'une amitié très étroite avec une personne séduisante qui est déjà prise. Une relation se termine parce que notre partenaire n'est pas prêt à devenir officiel et une autre parce qu'il devient officiel trop tôt.

« Si seulement c'était dans cinq ans, » disons-nous à nos amis. « Si seulement ça avait été trois ans plus tôt, ou à un moment indéterminé dans le futur où tous nos problèmes se régleraient d'eux-mêmes ». Il semble que le temps soit le troisième acteur invariable dans toutes nos relations. Et pourtant, nous ne nous arrêtons jamais pour réfléchir à la raison pour laquelle nous laissons le temps jouer un rôle si important dans nos vies.

Le timing est une saloperie, oui. Mais il ne l'est que si nous le laissons faire. Il y a une vérité simple à laquelle nous devons tous faire face : les personnes que nous rencontrons au mauvais moment ne sont en fait que les mauvaises personnes.

On ne rencontre jamais les bonnes personnes au mauvais moment parce que les bonnes personnes sont intemporelles. Les bonnes personnes vous donnent envie d'abandonner les projets que vous aviez à l'origine pour l'une d'entre elles et de la suivre dans un avenir flou et inconnu sans un regard en arrière. Vous savez que toutes les aventures que vous aviez initialement prévues pour votre avenir ne seront pas aussi incroyables que celles que vous pourriez vivre à leurs côtés. Peu importe ce que vous pensiez vouloir avant, c'est mieux. Tout est mieux depuis qu'ils sont là.

Lorsque vous êtes avec la bonne personne, le temps s'écoule naturellement. Vous ne vous souciez pas de l'intégrer dans votre emploi du temps compliqué, parce qu'elle en fait partie. Elle en devient la colonne vertébrale. Votre bonheur devient votre priorité et tant que cette personne y contribue, vous pouvez vous occuper du reste.

Les bonnes personnes ne se mettent pas en travers des choses que vous vouliez autrefois et ne vous obligent pas à les choisir. Les bonnes personnes vous encouragent : à essayer plus fort, à rêver plus grand, à faire mieux. Elles font ressortir les aspects les plus incroyables de votre personnalité et vous donnent envie de vous battre plus que jamais. Les bonnes personnes n'imposent pas de limites à votre temps, à vos rêves ou à vos capacités. Elles veulent s'attaquer à ces montagnes avec vous, sans se soucier du temps que cela prendra. Avec la bonne personne, vous avez tout le temps du monde.

En réalité, lorsque nous laissons passer quelqu'un parce que le moment est mal choisi, nous disons en fait que nous n'avons pas envie de consacrer notre temps à cette personne. Il n'y aura jamais de moment magique où tout se mettra en place et où toutes nos relations brisées seront réparées. Mais il y aura peut-être un jour une personne qui rendra la question du moment opportun sans importance.

Parce que lorsque quelqu'un est fait pour nous, nous prenons le temps de le laisser entrer dans notre vie. Et ce genre de moment est toujours le bon.

LIS ÇA SI TU PENSES NE JAMAIS TROUVER LE BON

Imagine quelque chose de fou pour moi, juste un instant. Et si tu regardais dans une boule de cristal en ce moment même – à cette seconde même, aujourd'hui – et que tu voyais avec une clarté indiscutable que tu ne rencontreras jamais l'amour de ta vie ?

C'est une chose triste que je te demande de considérer, j'en suis consciente. Cela fait un moment que tu espères rencontrer « le seul et unique » ou au moins quelqu'un d'à peu près décent avec qui tu pourras vivre jusqu'à la fin de tes jours. Je sais, je sais. Tu n'es pas aussi fantasque que les autres. Tu ne crois pas aux âmes sœurs. Mais tu t'attendais à rencontrer quelqu'un que tu aimais bien. Quelqu'un à côté de qui se blottir à la fin d'une longue journée, qui prendrait soin de toi quand tu es malade et qui écouterait tes histoires tous les soirs après le travail. C'est ce que nous espérons tous. Nous sommes humains.

Mais imaginons une seconde que tu saches – avec une certitude de 100 % – que tu ne rencontreras jamais cette personne. Qu'est-ce que cette certitude changerait dans ta vie ?

Parce que voilà la vérité au sujet de la recherche de l'amour : cela nous affecte constamment. Et nous détestons tous l'admettre. Mais l'amour est au premier plan de nos actions, même lorsqu'il n'est pas au premier plan de notre esprit. C'est la raison pour laquelle tu as acheté ce nouveau jean la semaine dernière. C'est la raison pour laquelle tu es allé à ce barbecue auquel tu ne voulais pas aller le week-end dernier. C'est la raison pour laquelle tu te sens parfois fragile, pas à ta place, et que tu as peur de tout ce qui t'attend. C'est l'amour qui est à l'origine de la plupart des plus grands changements dans notre vie.

Alors, si tu savais, avec une certitude indiscutable, que l'amour ne sera jamais pour toi, comment vivrais-tu ta vie différemment ? Que changerais-tu dans ta routine quotidienne ? Qu'en est-il de tes projets à long terme ?

Ta première réponse est peut-être « rien ». Après tout, tu es une personne intelligente. Tu as des projets qui ne dépendent pas de l'influence de quelqu'un d'autre. Nous en avons tous. Mais réfléchis encore quelques instants. Car voici ce que nous ne voulons pas admettre à propos de l'amour : c'est une béquille que nous utilisons tout le temps. L'idée qu'un jour quelqu'un aimera tous nos défauts est une excuse subtile pour ne pas y travailler. Le principe des deux moitiés qui font un tout nous empêche de devenir notre propre moitié. Nous voulons que quelqu'un vienne nous sauver pendant nos heures les plus sombres, mais si nous savions qu'il ne le fera jamais, nous devrions commencer à faire tout ce qui est en notre pouvoir. Nous devrions commencer à tout faire différemment.

Si tu savais que l'amour ne serait jamais une option pour toi, qu'est-ce qui le serait ? Comment structurerais-tu le reste de ta vie ? Serait-il plus axé sur ta carrière, plus orienté vers la réussite ? Ou bien utiliserais-tu ce temps pour investir en toi-même – prendre quelques vacances de plus, voyager plus loin de ta zone de confort ? Si tu savais que tu ne ressentirais plus jamais l'excitation d'une romance naissante, vers quoi te tournerais-tu pour te procurer des sensations fortes ? Comment ferais-tu pour que ton sang batte la chamade ?

Et qu'en est-il de tes autres relations, prendraient-elles soudainement plus de poids ? Passerais-tu plus de temps à apprécier ta famille, si tu savais que ce sont les personnes qui t'auront le plus aimé à la fin de ta vie ? Qu'en est-il de tes amitiés ? Nourrirais-tu et prendrais-tu davantage soin des personnes qui t'aiment de manière platonique si tu savais que personne ne t'aimera jamais de manière romantique ? Te montrerais-tu un peu plus souvent ? Partagerais-tu un peu plus de ta vie ?

J'ai tendance à croire que le fait de ne jamais trouver l'amour changerait la donne pour la plupart d'entre nous. Un changement que nous considérerions d'abord comme dévastateur, mais dont nous pourrions finalement réaliser qu'il s'agit de l'ultime libération. Sans la peur de finir seul, les possibilités qui s'offrent à nous seraient infinies. On pourrait vivre sur tous les continents. On pourrait gravir les échelons de l'entreprise. On pourrait retourner à l'école et obtenir ce diplôme qui nous a toujours intéressé, sans se soucier du fardeau financier que sa dette pourrait faire peser sur quelqu'un d'autre. L'amour nous retient d'une infinité de façons subtiles dont nous ne nous rendons peut-être même pas compte. Et la garantie de son absence pourrait bien être l'ultime sentiment de libération.

Parce que si nous n'avions pas à chercher l'amour de notre vie, nous serions enfin libres de réaliser que nous avons le droit d'être l'amour de notre propre vie. Que nous pouvons passer notre vie à nous développer, à nous mettre au défi, à nous choyer et à nous construire pour devenir des personnes plus grandes et plus capables que nous n'avons jamais espéré devenir. Nous pourrions devenir tout ce que nous avons cherché. Nous pourrions construire notre âme sœur en nous-mêmes.

S'il y a une chose que nous devons tous arrêter de faire, c'est d'attendre que quelqu'un d'autre se présente et change notre vie. Sois la personne que tu attends. Vis ta vie comme si tu en étais l'amour. Parce que c'est la seule chose dont tu es sûr : à travers chaque triomphe, chaque échec, chaque peur et chaque gain que tu vis jusqu'au jour de ta mort, tu seras présent(e). Tu seras la personne qui se présentera pour accepter tes récompenses. Tu seras la personne qui te tiendra la main lorsque tu seras brisé. Tu seras la personne qui se relèvera du sol chaque fois que tu seras renversé, et si toutes ces choses ne sont pas des preuves d'amour, je ne sais pas ce qu'elles sont.

Nous devons commencer à apprécier tout ce que nous apportons à notre vie. Car l'ironie, c'est que l'on est plus attirant lorsqu'on ne s'inquiète pas de ce qu'on attire. Lorsque tu vis ta vie avec confiance, librement et sans contrainte, tu émets le genre d'énergie qu'il n'est tout simplement pas possible d'imiter. Le genre d'énergie qui est capable de transformer non seulement ta propre vie, mais aussi celle des gens qui t'entourent.

Alors arrête de chercher l'élu avec qui tu passeras le reste de ta vie. Sois l'Unique.

Et laisse les autres te trouver.

SI TU ES UNE FEMME SAUVAGE QUI A VOULU S'APPRIVOISER

Je te connais. Je sais que tu t'es toujours sentie différente, un peu plus agitée que tu n'aurais dû l'être dans ton enfance, un peu moins timide, un peu trop effrontée. Je sais que tu as grandi avec des soupçons – que ton esprit ne fonctionne pas comme il le devrait, peut-être. Tes pensées tourbillonnent à des vitesses étranges et tu n'arrives pas à te ressaisir.

Je sais que tu as essayé de te calmer, de calmer tes passions, de refroidir tes ardeurs et de te glisser dans l'existence stable qui semble bercer tous les autres dans le néant. Je sais que tu as raisonné tes instincts, rationalisé tes désirs et lutté contre le chaos qui règne dans tes veines et qui te dit de toujours chercher plus loin, de toujours faire plus. D'être toujours plus que ce que l'on attend de toi.

Je sais que les visions de l'amour que l'on t'a enseignées lorsque tu étais enfant ne te plaisent pas – tu ne veux pas de la dépendance, de la complaisance, de l'histoire de conte de fées que tout le monde semble vouloir. Je sais que tu meurs d'envie que quelqu'un te dise que cela ne veut pas dire que tu es incapable d'aimer. Que tu n'as tout simplement pas encore trouvé la bonne personne, celle qui se réveille la nuit en brûlant du même feu que celui qui brûle en toi, en vibrant de la même énergie que celle qui t'anime et en allant de l'avant avec le même genre d'abandon insouciant que celui qui t'attire, toi aussi. Je sais que tu as envie qu'on te dise que tu n'as pas besoin de te réduire à une version plus petite, plus fragile et plus impuissante de toi-même pour être aimée. Il suffit d'attendre un peu plus longtemps, de courir un peu plus loin, de rencontrer ce grand amour un peu différemment. Tu es la flamme, pas le papillon de nuit. Et ton travail consiste à brûler avec conviction.

Je sais que cela n'a pas toujours été facile. Je sais que la vie a été pour toi un bras de fer constant, où que tu ailles. Tu es restée quand tu voulais partir. Tu as tenu bon quand tu voulais céder. Tu as été aux prises avec ton propre esprit épuisé sur ce qui te rend heureuse parce que tu ne veux pas les choses que l'on t'a appris à vouloir. Et ce n'est pas grave. C'est normal d'une manière qu'on ne t'a jamais dite, peut-être parce que tu n'as jamais rencontré quelqu'un comme toi. Et c'est une honte. C'est une honte qu'il n'y ait pas plus de gens comme toi.

Je sais que tu n'es pas aussi sauvage qu'on le croit. Je sais que tu as été déchirée, plus d'une fois. Je sais que tu as ressenti l'attraction d'aller et de venir, d'aimer et de quitter, de t'installer et de te libérer. Je sais que tu cherches les petits conforts que les autres n'attendent pas de toi – avoir quelqu'un à qui te confier quand tu es loin, avoir un endroit où rentrer à la maison quand tes aventures sont terminées. Je sais que tu es une série de contradictions infinies en toi-même et que tu aimerais tellement les comprendre que certains jours, tu as envie de crier. Tu veux arracher les incohérences de ton corps et apprendre à vivre simplement et de tout ton cœur. Je sais que pour toi, « de tout ton coeur » sera toujours un état éphémère. Le bonheur sera toujours une cible en mouvement. L'épanouissement ne sera jamais un arrêt de métro auquel on descend. Ce sera toujours la poursuite, la ferveur, le besoin constant d'en savoir plus.

Je sais que vous méprisez ces clichés. Je sais que tu ne veux pas d'un cœur à la fois sauvage et apprivoisé dans son état le plus impudique. Je sais que tu abandonnerais tout en un instant pour être d'une manière ou d'une autre, pour ne pas rester partagé entre la tempête et le silence qui t'habitent. Je sais que tu te fatigues de toi-même. Et je suis sincèrement désolée – que tu te sois déjà sentie épuisée par la personne que tu es.

Si tu es une femme sauvage qui a tenté de s'apprivoiser, je t'applaudis. Pour la façon dont tu vis ta vie et pour les fois où tu ne t'excuses pas. Pour la férocité de ton esprit et la force de ton âme. Je te félicite de vivre la vie avec cette attitude intrépide et audacieuse – celle qui parle à tant d'autres comme toi. Le monde a besoin de plus de femmes comme toi. Le monde a besoin de se délecter de toi et de te contempler.

Si tu es une femme sauvage qui a tenté de s'apprivoiser, j'espère que tu sais qu'il y a une place dans ce monde pour les cœurs sauvages comme le tien. Et plus tôt tu cesseras d'essayer de lutter contre toi même, plus tôt tu t'y sentiras comme chez toi.

CHOISIS LE STYLE DE VIE, PAS LA PERSONNE QUE TU VEUX

La vie nous confronte à des choix difficiles. Quels vêtements mettre le matin. Le lait ou la crème dans notre café. Avec qui passer le reste de notre vie, et que faire si nous ne voulons pas du tout la même chose qu'eux.

Il existe bien sûr des réponses toutes faites à ces questions. Les jeans taille haute. Le lait fait moins grossir. Choisis la personne avec qui tu veux être, car l'amour triomphe de tout. Nous avons un ensemble spécifique de règles à suivre pour répondre aux questions difficiles de la vie, et elles sont toutes assorties de résultats prédéterminés.

Choisir le bon pantalon, c'est se faire complimenter par la fille branchée de son bureau. Choisir du lait signifie que vous ne vous sentirez pas aussi ballonné. Choisir la personne que vous aimez plutôt que la vie que vous voulez signifie que votre estime de soi se dégradera lentement au fil des années passées à vous glisser dans le lit d'une personne avec laquelle vous vous sentez à l'aise.

Je tiens à préciser que je ne dénigre pas le mariage. Ni les relations amoureuses. Ni l'amour en général. J'aime l'amour. Je l'aime trop. Je perds la tête, le cœur et les pédales à cause de l'amour bien plus souvent que je ne voudrais l'admettre et c'est la seule raison pour laquelle je m'y connais en la matière. L'amour est merveilleux, valable et enrichissant, mais il ne devrait jamais être une épreuve de force entre la personne et la vie que vous voulez.

L'amour ne devrait pas être le plus grand compromis de votre vie. Je sais qu'on t'a dit le contraire. Tu as regardé des films, lu des romans, entendu des adages de parents et d'amis qui ont peut-être des relations très réussies – l'amour est un compromis constant. On ne peut pas tout avoir. Et peut-être ont-ils raison. On ne peut pas tout avoir. Mais on devrait pouvoir avoir ce qui compte.

On devrait pouvoir être avec quelqu'un qu'on aime tout en menant une vie qui nous attire, nous stimule et nous inspire. On devrait pouvoir poursuivre ce que l'on veut dans ce monde de toutes les manières possibles et imaginables sans courir le risque de perdre la personne que l'on apprécie le plus. On devrait pouvoir avoir, au minimum, une relation qui permette aux deux parties de s'épanouir et d'explorer.

Une relation qui vous oblige à vous restreindre ou à vous changer se traduit par une inadéquation des valeurs. Oui, on a peut-être trouvé quelqu'un qu'on aime, voire quelqu'un avec qui on veut passer sa vie. Mais si le seul moment où on voit les choses de la même façon, c'est quand on se regarde dans les yeux, on s'expose à une vie de choix difficiles.

On peut réussir à vivre avec quelqu'un qui veut des choses différentes des siennes. Cela a été fait un nombre incalculable de fois. Si l'un veut un emploi stable et se poser, et que l'autre a la bougeotte et veut parcourir le monde sans fin, il est possible de trouver un juste milieu. L'un peut bouger un peu plus, et l'autre peut calmer un peu ses ardeurs, et vous pouvez ainsi trouver un entre-deux où vous êtes tous les deux à mi-chemin du bonheur. Mais est-ce la vie que vous voulez vraiment ? Est-ce la vie dont vous serez satisfaits lorsque vous y repenserez ? Serez-vous heureux d'avoir fait un compromis et d'avoir mis de côté vos désirs pour une autre personne ?

Si la réponse est oui, alors vous êtes prêts. Certains compromis en valent la peine. Mais si la réponse est non, je vous encourage à aller de l'avant. À couper le cordon. À faire la chose difficile qu'aucun d'entre nous ne veut faire, et à poursuivre la vie que vous aimeriez vivre.

Voici la vérité toute crue sur la personne qui vous convient : elle veut le même style de vie que vous. Comment je le sais ? Parce que c'est, par définition, ce qui fait d'elle la personne qu'il vous faut. Être avec quelqu'un dont les yeux s'illuminent en même temps que les vôtres, dont le cœur s'emballe en même temps que le vôtre, qui est attiré et inspiré par les mêmes forces qui vous poussent à aller de l'avant, est un cadeau que beaucoup d'entre nous n'ont jamais vraiment eu l'occasion de connaître.

La vérité c'est qu'on met nos vrais rêves de côté. On se contente de la personne qu'on aime plutôt que de celle qui pourrait nous pousser – à être des meilleures versions, plus grandes, plus fortes de nous-mêmes. On se dit que l'amour suffit. Qu'il conquiert tout. Mais on oublie que l'amour ne devrait pas être la chose qui conquiert nos vies – c'est nous qui devrions le faire. Et nous devrions le faire délibérément, triomphalement, aux côtés de quelqu'un qui partage toutes nos joies et nos succès.

Alors, comment rencontrer une telle personne ? C'est simple – on fait plus de ce qu'on aime. On s'abandonne à l'incertitude, à la recherche, à la poursuite de ce que l'on veut dans la vie sans la certitude d'avoir quelqu'un à ses côtés pendant qu'on le fait. On se lance à corps perdu dans les choses qu'on aime et on attire par conséquent les gens qui aiment ce qu'on aime. Qui apprécient ce à quoi on donne la priorité. Qui apprécient tout ce que nous sommes. On se jette au cœur des possibilités au lieu de rester confortablement installé dans la certitude. Parce que nous nous devons de le faire. On se doit de vivre la plus belle vie dont on est capable, même si cela signifie qu'on doit rester seul pendant très longtemps.

En fin de compte, l'amour est merveilleux, mais il ne suffit pas à compenser une vie entière passée à compromettre tes valeurs fondamentales. Tu ne veux pas passer toute ta vie à regarder quelqu'un dans les yeux en espérant y trouver toutes les réponses dont tu as besoin. Attends la personne qui regarde vers l'extérieur dans la même direction que toi.

Ça change tout.

COMMENT TOMBER À MOITIÉ AMOUREUSE DE QUELQU'UN

Pour tomber à moitié amoureuse de quelqu'un, il faut être seule. Sois seule pendant si longtemps que tu oublies comment on tombe amoureuse. Oublie tout. Oublie tout sauf les croisements de regard et les rencontres imprévues.

Pour tomber à moitié amoureuse, ne fais plus confiance aux gens. Dis-toi que tout le monde s'est planté au sujet de l'amour, que tout le monde est parti et que toi même tu fais partie de ces gens. Dis-toi qu'il y avait un temps et un lieu pour l'amour mais que c'était il y a longtemps, et pas ici. Décide que pendant un moment, les discussions inintéressantes sont tout ce que tu auras. Décide que rien ne sera plus comme avant et laisse-toi aller. Accepte-le comme une vérité froide et inévitable.

Pour tomber à moitié amoureuse, fais des erreurs. Attarde-toi un instant de trop dans un bar ou un café. Invite la mauvaise personne dans ton lit. Écoute un peu trop attentivement son histoire et oublie qu'on peut tomber amoureuse tout à fait par hasard. Ignore le moment où la grille autour de ton cœur s'ouvre et laisse entrer quelque chose, parce qu'elle est restée fermée pendant si longtemps que tu as oublié qu'elle pouvait encore s'ouvrir. Pendant un moment, ignore que tu peux ressentir quoi que ce soit.

Pour tomber à moitié amoureuse de quelqu'un, réalise le trop tard. Réalise après coup que son rire te coupait le souffle, que le goût de ses lèvres te rendais folle. Que tu étais fascinée par le mouvement de ses mains alors qu'elles préparaient une simple tasse de café et réalise que quelque chose a changé au plus profond de toi ; quelque chose qui fait qu'il était trop tard pour revenir en arrière.

Pour tomber à moitié amoureuse de quelqu'un, quitte le navire. Réalise que tu n'es pas prête pour le plein amour, pour le vrai amour, pour le genre d'amour qui nourrit, capte et guérit. Réalise que si tu es seule depuis si longtemps c'est parce que tu as un monde à toi et que tu t'y plais. Que le contact de la main de quelqu'un ne devrait pas te rendre fébrile, que le son de sa voix ne devrait pas te hanter. Pour tomber à moitié amoureuse, pars avant de tomber complètement, parce que tu n'es pas prête à laisser cela t'envahir. Tu n'es pas prête à errer à nouveau dans ce terrain vague.

Pour tomber à moitié amoureuse de quelqu'un, va de l'avant. Va de l'avant avec confiance dans la direction de la vie que tu avais planifiée, bien avant que la vie ne s'impose d'elle-même à toi.

Mais de temps en temps, laisse ton esprit revenir en arrière.

De temps en temps, souviens toi de sa peau contre la tienne, de ses mains dans tes cheveux, des moments calmes et patients où des rires s'échappent de ta bouche, allongée à côté de lui. Laisse ton esprit vagabonder jusqu'à ce que tu réalises que ce n'est pas du tout lui qui te manque – c'est la possibilité insatisfaite qu'il incarnait.

Car la vérité, c'est que tu n'es jamais vraiment tombée amoureuse de lui.

Tu es tombée amoureuse de son potentiel. Tu es tombée amoureuse des peut-être et des possibles. Tu es tombé amoureuse de tous les voyages que tu n'as pas faits, des projets que tu n'as pas réalisés, de l'avenir flou et inintelligible qui s'étendait devant toi sans aucune possibilité de le construire. Tu es tombée amoureuse du potentiel de ce qui aurait pu arriver si tu avais été le genre de personne qui était restée. Si tu avais été la personne qui pouvait tomber amoureuse pleinement, sans pauses.

Tu réalises que tu n'es pas du tout tombée amoureuse de lui, mais que tu aurais pu. Que tu aurais peut-être dû. Qu'il y aura toujours une petite partie de toi qui se demandera « et si » et que peut-être tu aimes ça comme ça.

Que peut-être tu préfères ne tomber qu'à moitié amoureuse parce que cela te permet d'écrire ta propre fin à l'histoire.

Et c'est une histoire que tu veux encore avoir et à laquelle tu veux te raccrocher, des années plus tard, quand tu auras besoin de quelque chose à écrire, encore et encore.

LIS ÇA QUAND TU ES FATIGUÉE DE TOUT

Je sais ce que c'est que de se sentir fatiguée – et pas seulement au sens physique du terme. Le monde dans lequel nous vivons est épuisant. Il est usant. Il est ingrat. Il est sans cesse éprouvant et à peine gratifiant. Tu es fatiguée simplement parce que tu y vis. Tu es fatiguée de trop aimer, de trop te soucier des autres, de trop donner à un monde qui ne te rend jamais rien. Tu es fatiguée d'investir dans des résultats indéfinis. Tu es fatiguée des incertitudes. Fatiguée du gris.

Je sais que tu n'as pas toujours été aussi usée qu'il fut un temps où tu étais pleine d'espoir et pure. Quand ton optimisme l'emportait sur ton cynisme et que tu avais en toi une quantité infinie à donner. Je sais que tu as été ébréchée et usée morceau par morceau – un cœur brisé ici et une promesse non tenue là. Je sais que le monde n'a pas toujours été gentil tout au long des parties que tu as jouées et que tu as perdu plus de fois que tu n'as jamais gagné. Je sais que tu n'as pas envie d'essayer à nouveau. Je sais.

Parce que la vérité, c'est que nous sommes tous fatigués. Chacun d'entre nous. À partir d'un certain âge, nous ne sommes plus qu'une armée de cœurs brisés et d'âmes endolories, cherchant désespérément à se réaliser. Nous voulons plus, mais nous sommes trop fatigués pour le demander. Nous en avons assez d'être là où nous sommes, mais nous sommes trop effrayés pour recommencer. Nous avons besoin de prendre des risques mais nous avons peur de voir tout s'écrouler autour de nous. Après tout, nous ne savons pas combien de fois nous pourrons recommencer.

Nous pensons tous que nous sommes seuls à être épuisés. Mais la vérité, c'est que nous sommes fatigués les uns des autres – fatigués des jeux que nous jouons, des mensonges que nous racontons et des incertitudes que nous nous présentons les uns aux autres. Nous ne voulons pas jouer les méchants, mais nous ne voulons pas non plus jouer les idiots. Alors, on monte la garde. Nos défenses s'agitent. Et on endosse le rôle qu'on déteste voir jouer parce qu'on n'est pas sûr du choix qu'il nous reste.

Je sais à quel point il peut sembler impossible de continuer à essayer, à donner et à devenir quand on est épuisé jusqu'à l'âme. Je sais que les idéaux joyeux qu'on t'a promis un jour semblent maintenant ternis et sans espoir. Mais voici ce que je te demande si tu es à deux doigts d'abandonner : essaie encore une fois, avec tes sentiments. Je sais que tu es fatiguée de tes tentatives. Je sais que tu es à bout de nerfs. Mais la vérité à propos de ce second souffle de passion, c'est que tu ne te rendras jamais compte que tu l'as si tu ne continues pas à courir après ton premier souffle.

Nous sommes tous plus résistants que nous ne le pensons, et c'est une vérité indiscutable. Il y a toujours plus d'amour que nous sommes capables de donner, plus d'espoir que nous sommes capables d'avoir, plus de passion que nous sommes capables de libérer et d'inonder le monde. C'est juste que nous ne marchons pas assez loin sur nos propres chemins pour atteindre le point où nous voyons ces actions porter leurs fruits. On veut des résultats immédiats et quand on n'en voit pas, on abandonne. On laisse l'épuisement nous arrêter. On se sent frustré par le manque de retour d'information et on suppose que cela signifie qu'il faut jeter toute la tentative par la fenêtre.

Car il y a une chose que nous détestons tous admettre : aucun d'entre nous n'est inspiré tous les jours. On est tous épuisés. On est tous découragés. Et on a le droit de continuer à avancer en dépit de ces sentiments. Ce n'est pas parce que tu es abattue, usée et dégoûtée de la vie que tu vis que tu ne peux pas changer les choses. Toutes les personnes que tu as admirées ont eu des moments où elles se sont senties complètement vaincues dans la poursuite de leurs rêves. Mais cela ne les a pas empêchées de les atteindre. Tu as le droit de trébucher lentement vers tes plus grandes transformations. Il n'est pas nécessaire que ce soit toujours une affaire flamboyante et flagrante.

Certains aspects de la vie se déroulent tranquillement. Ils se produisent lentement. Ils se produisent grâce aux petits choix prudents que nous faisons chaque jour et qui nous transforment en de meilleures versions de nous-mêmes. On doit se donner le temps de laisser ces changements se produire. Pour les regarder évoluer. Pour ne pas devenir désespérément frustré dans l'entre-deux.

Quand tu es fatiguée, va lentement. Va doucement. Va timidement. Mais ne t'arrête pas. Tu es fatiguée pour toutes les bonnes raisons. Tu es fatiguée parce que tu es censée l'être. Tu es fatiguée parce que tu es en train de faire un changement. Tu es épuisée pour toutes les bonnes raisons et ce n'est qu'une indication pour continuer. Tu es fatiguée parce que tu grandis. Et un jour, cette croissance laissera place au rajeunissement exact dont tu as besoin.

VOICI COMMENT AIMER SANS RIEN ATTENDRE EN RETOUR

Voici comment aimer sans rien attendre en retour. Tu t'aimes d'abord toi-même. Pas nécessairement plus, ou mieux, mais d'abord. Tu n'annules pas des projets qui t'enthousiasmaient parce que quelqu'un d'autre voudrait passer du temps avec toi. Tu ne réorganises pas ton emploi du temps pour accommoder une personne qui risque de toute façon de se défiler au dernier moment. Tu es stricte avec toi-même – même lorsque tu veux céder aux impulsions des autres – parce que tu sais qu'il y a une différence entre ce que tu veux et ce dont tu as besoin.

Tu as besoin de quelqu'un sur qui tu peux compter et cette personne c'est toi. En fin de compte, si tous les autres se défilent et ne se pointent pas, toi tu seras toujours là. Alors ne te considère pas comme un triste lot de consolation. Fais du mieux que tu peux. Deviens quelqu'un dont tu es fière. Si c'est toi qu'il reste au final, sois heureuse de la personne avec laquelle tu te retrouves. Assure-toi que c'est quelqu'un que tu aurais pu choisir toi-même.

Pour aimer sans rien attendre, tu choisis l'honnêteté dans tes propres démarches. Si tu ne veux pas de jeux, tu arrêtes d'y jouer.

Tu réponds aux messages. Tu te montres. Tu dis ce que tu penses et tu ne consacres pas de temps aux hypothèses. Dans un monde rempli de gens malhonnêtes, tu choisis de ne pas devenir l'un d'entre eux, même si cela te fait perdre un jeu idiot ou deux. Ce qui se ressemble s'assemble et si tu cherches des personnes franches et sans états d'âme, tu devras en devenir une. Tu déçois quelques loosers en cours de route. Et alors ? Tu deviens ce que tu veux être.

Pour aimer sans attentes, tu fais preuve de compassion. Tu te souviens des fois où tu as menti et triché et où tu n'as pas répondu aux attentes que d'autres personnes avaient placées en toi, et tu te les pardonnes. Tu comprends que tu avais une responsabilité mais que tu n'as pas été à la hauteur et que même si tu n'es pas d'accord avec tes choix, il y avait une raison pour laquelle les cartes sont tombées comme elles l'ont fait. Tu te souviens de cette raison. Tu te souviens que d'autres personnes peuvent avoir des raisons similaires lorsqu'elles te laissent tomber – des raisons qui n'ont rien à voir avec toi.

Tu apprends à te détacher de ton investissement personnel dans les raisons pour lesquelles les gens font ce qu'ils font, car il y a de fortes chances qu'il n'y en est aucun. Tu comprends que tu as infiniment moins à voir avec les actions des autres que tu ne l'as toujours cru. Et tu apprends à te contenter de ça. Tu apprends même à être détachée de ça.

Pour aimer sans attentes, tu apprends ce qui n'est pas sous ton contrôle. Tu comprends que chacun a ses propres démons et que personne ne te doit de les combattre. En fin de compte, tu as deux choix en amour – l'un est d'accepter quelqu'un tel qu'il est et l'autre est de s'éloigner. Il n'y a pas d'entre-deux. Il n'y a pas de marchandage, de négociation, d'attente et de manque à gagner en amour. Il suffit de choisir d'être là ou de ne pas être là. Tout ce qui se trouve entre les deux est une excuse facile et égoïste envers l'amour.

Pour aimer sans attentes, tu apprends à apprécier ce qui est là. Les autres personnes ne nous appartiennent pas, nous ne pouvons pas les réarranger ou attendre des choses d'elles, et plus nous anticipons sur les autres, plus nous nous décevons nous-mêmes en fin de compte. Tout ce que nous pouvons faire, c'est apprécier les personnes que nous avons quand nous les avons, et les laisser partir quand nous ne les avons pas. Prêter nos cœurs comme des chambres d'hôtel vacantes : accueillir les autres lorsqu'ils entrent et les laisser partir lorsqu'ils sortent. Comprendre qu'en fin de compte, tout ce que nous pouvons faire, c'est refuser de les laisser entrer. Mais nous ne pouvons forcer personne à rester.

Pour aimer sans attentes, tu dois être en accord avec toi-même. Être en accord avec le fait d'ouvrir la porte, d'écarter les bras, de mettre ton cœur à nu et de comprendre que tout le monde ne va pas être gentil avec ça. Tu dois savoir que tu peux te remettre de ces maux, que tu peux guérir tes propres blessures, que tu peux te faire confiance pour t'éloigner des situations qui ne te font pas grandir ou ne t'aident pas.

Car voici ce qui se passe quand on attend quelque chose des autres : à la racine de l'attente, il y a le besoin. Le besoin que les autres t'acceptent, te valident, te disent que tu es une bonne personne, que tu as de la valeur et que tu es forte. Et si tu peux le faire pour toi-même – si tu peux être à la hauteur de tes propres attentes et désirs, alors le besoin que d'autres personnes le fassent disparaît. Le besoin de se plier en quatre, d'accommoder les autres, de rechercher la validation de ceux qui ne méritent pas ton cœur, disparaît.

Qui aimer et qui quitter devient simple. Et les attentes disparaissent. Tout simplement.

LIS ÇA SI TU N'ARRIVES PAS À PARDONNER À QUELQU'UN

Je déteste tous les clichés qui existent sur le pardon. Je connais tous les adages, tous les conseils, toutes les opinions régulièrement approuvées sur le sujet parce que j'ai parcouru la littérature. J'ai lu tous les articles de blog sur le fait de laisser tomber la colère. J'ai écrit des citations de Bouddha et je les ai collées sur des post-its sur mon mur. Je sais que rien de tout ça n'est simple. Je sais que les citations sont dépassées. Je sais que le fossé entre « décider de pardonner » et ressentir réellement la paix peut sembler totalement infranchissable. Je sais.

Le pardon est une terre vaste et inaccessible pour ceux d'entre nous qui ont soif de justice. L'idée même de laisser quelqu'un s'en sortir indemne de ce qu'il a fait nous rend malades. Nous ne voulons pas simplement nous essuyer les mains. Nous voulons transférer le sang sur les leurs. Nous voulons que les scores soient égalisés et que les règles du jeu soient les mêmes pour tous. Nous voulons qu'ils portent le poids de ce qu'ils ont fait, pas nous.

Le pardon semble être l'ultime trahison envers soi-même. On ne veut pas abandonner le combat pour la justice après ce qui nous est arrivé. La colère brûle en nous et pompe de la chaleur dans tout notre corps. On le sait, mais on n'arrive pas à s'en défaire. La colère est une partie de nous aussi inséparable que notre cœur, notre esprit ou nos poumons. Je connais ce sentiment. Je connais le deuxième battement de cœur qu'est la fureur.

Mais voilà ce qu'il en est de la colère : c'est une émotion instrumentale. Nous restons en colère parce que nous voulons la justice. Parce que nous pensons que c'est utile. Parce que nous supposons que plus nous sommes en colère, plus nous serons capables de provoquer des changements. La colère ne réalise pas que le passé est révolu et que le mal a été fait. Elle te dit que la vengeance va arranger les choses. Elle est à la recherche de la justice.

Sauf que la justice que nous voulons n'est pas toujours réaliste. Rester en colère, c'est comme retirer continuellement la croûte d'une blessure parce que tu penses qu'en gardant la plaie ouverte, tu n'auras pas de cicatrice. C'est penser qu'un jour, la personne qui t'a fait du tort pourra venir te faire des points de suture avec une précision si incroyable que tu ne sauras jamais que la coupure était là. La vérité sur la colère, c'est qu'elle n'est rien d'autre que le refus de guérir, parce que tu as peur de le faire. Parce que tu as peur de ce que tu seras une fois que tes blessures se seront refermées et que tu devras continuer à vivre dans ta nouvelle peau, que tu ne connais pas. Tu veux retrouver ton ancienne peau. C'est pourquoi la colère te dit de continuer à faire saigner la plaie.

Lorsque tu es en colère, le pardon semble impossible. Nous voulons en être capables, parce qu'intellectuellement, nous savons que c'est le choix le plus sain à faire. Nous voulons la paix qu'offre le pardon. Nous voulons être libérés. Nous voulons que la folie de notre cerveau se calme, et pourtant nous ne trouvons pas le moyen d'y parvenir.

Car voici ce qu'ils omettent tous de te dire à propos du pardon : il ne va rien arranger. Ce n'est pas une gomme qui va effacer la douleur de ce qui t'est arrivé. Il ne défait pas la douleur avec laquelle tu as vécu et ne t'accorde pas une paix immédiate. Trouver la paix est un combat long et difficile. Le pardon est juste ce qu'il faut pour rester hydraté tout au long du chemin.

Pardonner signifie abandonner l'espoir d'un passé différent. C'est savoir que le passé est révolu, que la poussière est retombée et que la destruction laissée dans son sillage ne pourra jamais être reconstruite pour ressembler à ce qu'elle était. C'est accepter qu'il n'y a pas de solution magique aux dommages causés. C'est se rendre compte qu'aussi injuste qu'ait été l'ouragan, tu dois quand même vivre dans sa ville en ruines. Et ce n'est pas la colère qui va reconstruire cette ville. Tu dois le faire toi-même.

Pardonner, c'est accepter la responsabilité – non pas d'avoir causé la destruction, mais de l'avoir nettoyée. C'est décider que le rétablissement de ta propre paix est finalement une plus grande priorité que la perturbation de celle de quelqu'un d'autre.

Le pardon ne signifie pas que tu dois faire amende honorable auprès de la personne qui t'a fait du mal. Cela ne veut pas dire que tu dois te lier d'amitié avec elle, sympathiser avec elle ou valider ce qu'elle t'a fait. Cela signifie simplement que tu acceptes qu'elle a laissé une cicatrice sur toi. Et que, pour le meilleur ou pour le pire, cette blessure est maintenant ton fardeau. Cela signifie que tu as fini d'attendre que la personne qui t'a brisé vienne te recoller. C'est la décision de guérir tes propres blessures, quelles que soient les marques qu'elles vont laisser sur ta peau. C'est la décision d'aller de l'avant avec des cicatrices.

Le pardon ne consiste pas à laisser l'injustice régner. C'est créer sa propre justice, son propre karma et son propre destin. C'est se remettre sur pied et décider que le reste de ta vie ne sera pas misérable à cause de ce qui t'est arrivé. C'est marcher courageusement vers l'avenir, avec toutes les cicatrices et les coups que tu as reçus en cours de route. Le pardon signifie que tu ne laisseras plus ce qui t'est arrivé te définir.

Le pardon ne signifie pas que tu abandonnes tout ton pouvoir. Le pardon signifie que tu es enfin prête à le reprendre.

LE PIRE ÉCHEC DONT PERSONNE NE PARLE

Que tu l'aies remarqué ou non, on parle beaucoup de l'échec. Il existe une infinité d'articles inspirants à ce sujet. Ils te parlent de tomber et de te relever. De la résilience et de l'endurance. Ils te parlent des milliers de personnes qui ont réussi et qui ont d'abord échoué, et de la façon dont nous pouvons, nous aussi, devenir héroïques et réussir comme eux. Et j'y crois de tout mon cœur – l'échec peut être une expérience noble et enrichissante. Sauf quand ce n'est pas le cas.

Car voici la dure vérité sur l'échec : ce n'est pas toujours beau. Ce n'est pas toujours attachant. L'échec n'est pas toujours le résultat de circonstances extérieures qui font des ravages – parfois, il est entièrement le résultat de notre propre jugement sans modération. Les situations que nous avons manipulées sans réfléchir. Les coeurs avec lesquels nous avons été maladroits et rudes. Les choses que nous avons risquées et perdues. Les échecs dont il est le plus difficile de se remettre sont ceux dans lesquels nous nous sommes engagés volontairement et égoïstement, pensant qu'ils nous mèneraient à un meilleur endroit. Ce sont les échecs qui nous excluent de notre propre équipe.

Tous les articles inspirants sur l'échec parlent de croire en soi et de rebondir. Mais nous ne parlons pas de ce que l'on ressent lorsqu'on ne veut plus croire en soi à la suite d'une erreur. Nous ne parlons pas de ce que l'on ressent lorsqu'on a l'impression de ne pas mériter de se relever et d'essayer à nouveau. Nous ne parlons pas de la honte qui accompagne ces énormes erreurs évitables que nous commettons, parce que nous voulons éternellement cette lueur d'espoir qui nous sauve de nous-mêmes. Et nous ne pouvons pas supporter l'idée qu'il n'y en a peut-être pas.

Tous les échecs ne sont pas dignes de rédemption – et c'est la dure et froide vérité. Tu ne verras peut-être jamais le côté positif. Dans quelques années, tu pourras regarder ce que tu as fait et, comme on a tendance à le faire, lui donner une sorte de signification arbitraire, un sentiment de « je ne serais pas arrivé là sans avoir été là », mais cela ne suffira peut-être jamais à dissoudre la boule à l'intérieur de ton ventre. Cela ne suffira peut-être jamais à combler le vide que l'échec a creusé en toi.

Et bien souvent, cela a à voir avec le processus qui t'a mené à l'échec. Nous échouons avec élégance lorsque nous sommes fiers de ce que nous sommes. Lorsque nous pouvons nous appuyer sur les choix que nous avons faits. Mais si nous ne le pouvons pas, nos erreurs nous engloutissent tout entiers. Quand on vous fait tomber d'un piédestal infâme, ce sentiment d'échec est paralysant parce qu'il vous laisse seul avec vous-même. Il vous oblige à faire face à chaque mauvaise décision qui vous a mené jusqu'à ce point et à réaliser qui vous êtes devenu par la suite. Je comprends cela mieux que quiconque. J'ai aussi été quelqu'un dont je ne suis pas fière.

L'échec n'est pas toujours synonyme de leçon à tirer, et le laisser entendre est humiliant pour toutes les personnes concernées.

Certaines erreurs entraînent trop de dommages collatéraux pour mériter une interprétation positive. Appelons donc simplement les échecs la seule chose qu'ils sont toujours – le changement. Car par définition, nos échecs changent tout.

Nous n'obtiendrons pas toujours un retour glorieux de nos erreurs – et c'est pourquoi nous ne devrions pas le faire. Certains échecs ne servent pas à rebondir et à recommencer. Certains échecs entraînent un véritable changement. Une réflexion intense sur soi-même. Et de comprendre que tu ne peux pas continuer à vivre comme tu l'as fait jusqu'à présent.

Certaines catastrophes ne sont pas là pour te donner une leçon, mais pour t'arrêter dans ton élan. Pour t'humilier. Pour démonter les parties de toi qui fonctionnaient à partir d'un lieu de douleur et pour les détruire avant qu'elles ne t'envahissent. Certains échecs sont aussi douloureux et désarmants qu'ils le sont parce qu'ils sont là pour te retenir d'un destin encore pire – une vie qui t'éloigne de plus en plus de la personne que tu veux être. Certains échecs ne sont pas une leçon apprise mais une leçon imposée. Et c'est souvent la leçon dont nous avons besoin.

Voici donc ce qu'on fait lorsqu'on est renversé de son piédestal : on se relève. Non pas parce qu'on en a la possibilité. Pas parce qu'on le mérite nécessairement. Non pas parce qu'on doit donner une autre chance à l'objectif tordu qu'on poursuivait, mais parce qu'on doit au monde de se relever. De changer les choses. De laisser nos échecs résonner et nous modifier d'une manière que nous n'aurions jamais envisagée auparavant.

Nous ne pouvons pas passer notre temps à espérer que nos énormes échecs prendront un sens plus tard. C'est à nous de leur donner un sens. Nous devons choisir notre propre fin. Nous devons changer, comme résultat direct et délibéré de ce que nous avons raté. Que ce changement puisse être ton pardon à toi-même, à l'Univers ou à toute personne qui s'est fait prendre comme dommage collatéral en cours de route. Que le reste de ta vie soit le pardon que toi, tes proches et l'Univers attendent de toi. Fais en sorte que ce soit toi qui te relèves.

Nous ne parlons pas de nos échecs énormes, écrasants et honteux parce que nous ne voulons pas admettre ce qu'ils révèlent sur notre personnalité. Mais c'est là que réside le choix – c'est à toi de décider, après chaque échec, chaque défaite, chaque erreur qui change la vie, quel genre de personne tu es. Quel genre de personne tu as été. Et quel genre de personne tu es enfin prête à devenir à la place.

14 CHOSES QU'IL EST TEMPS DE TE PARDONNER

Pour commencer : les choses importantes sur lesquelles tu as changé d'avis. Le travail de rêve que tu n'aurais jamais pensé quitter. La personne que tu ne pensais pas quitter. Les projets que tu avais pour l'avenir et qui n'ont jamais abouti parce que quelque chose d'autre s'est mis en travers de ton chemin. La vie fluctue et s'écoule, et pour la suivre, nous devons faire de même. Nous devons nous pardonner d'avoir la sagesse nécessaire pour changer d'avis sur les choses vraiment importantes.

2. Les façons avec lesquelles tu as lutté contre la douleur

Les chemins sombres que tu n'aurais pas dû emprunter. Les choses folles que tu as faites au nom de la survie et qui ont causé plus de dégâts que de bienfaits. Les choses que tu as faites pour survivre quand tu ne connaissais pas de meilleur moyen. La façon dont ton instinct de survie s'est manifesté alors que tu étais trop jeune ou trop impuissante pour le contrôler ne fait pas de toi une mauvaise personne. Cela fait de toi une personne plus forte et plus épanouie d'être encore là. D'avoir retrouvé le chemin de la vie.

3. La personne que tu n'as jamais pu aimer correctement

La personne dont les mots ne résonnaient jamais avec les tiens, dont les pensées n'étaient pas le yin de ton yang, dont les mots ne sonnaient jamais tout à fait juste, mais que tu as essayé d'aimer malgré et à cause de tout cela. La personne avec qui tu as essayé de faire les choses bien, si fort que tu avais l'impression que ton cœur allait cesser de battre, mais que tu as finalement dû laisser partir. Tu ne peux pas forcer l'amour à exister. Et le fait de le laisser s'épanouir ailleurs ne fait que nous rendre tous plus libres à la fin.

4. Les frites que tu as mangées avec ton déjeuner

Tu survivras à cela.

5. Toutes les façons dont tu n'es pas assez

Le corps que tu n'auras jamais, les connaissances que tu n'acquerras jamais, le courage que tu ne rassembleras jamais et les efforts que tu ne fourniras jamais. Tu ne seras peut-être jamais assez courageuse, assez intelligente ou assez forte pour correspondre à l'idéal de quelqu'un d'autre, mais tu seras toujours juste assez parfaitement toi, et dès que tu réaliseras à quel point c'est important, plus vite tu pourras laisser tomber le reste.

6. La façon dont tu as traité tes parents quand tu avais seize ans (ou vingt ans, ou trente ans)

Tu étais affreuse, exaspérante et insupportable et maintenant tous ces jours sont derrière toi – à moins qu'ils ne le soient pas ; si tu as seize ans et que tu lis ceci, va serrer tes parents dans tes bras et dis-leur que tu les aimes. Alors oui, peut-être que nous avons tous grandi un peu de travers, ou carrément à l'envers, sur le chemin vers l'âge adulte, et que nous avons dit des choses que nous ne voulions pas. Le monde ne s'est pas arrêté de tourner pour autant. La vie a continué. Nous en sommes tous sortis grandis. Et il n'est jamais trop tard pour dire « je suis désolé ».

7. La façon dont tu t'es traité la plupart du temps dans ta vie

Chaque défaut que tu as décortiqué dans le miroir. Chaque mensonge que tu t'es raconté sur tes limites. Chaque « Je ne suis pas assez bien » qui a traversé les recoins de ton esprit et qui s'est incrusté à un endroit où ça semblait avoir son importance. Nous devons nous pardonner de ne pas avoir été nos meilleures amies, nos confidentes et nos plus grandes supportrices. Nous ne savions pas quelle différence cela ferait de nous aimer nous-mêmes, jusqu'à ce que nous le fassions enfin.

8. Le diplôme inutile que tu as obtenu à l'école

Le monde change rapidement. Il fut un temps où il y avait vraiment des emplois pour les étudiants en philosophie. Il se trouve que nous ne vivons plus dans ce monde. Mais ce qui est génial avec le monde dans lequel nous vivons, c'est qu'il devient de plus en plus petit. On a moins de débouchés spécifiques lorsqu'on est diplômé, mais plus d'opportunités générales. Tu serais choquée de voir toutes les façons dont ta matière principale « inutile » est encore utile. Tu ne finiras pas là où tu t'attendais, mais tu pourras te retrouver dans un endroit bien meilleur.

9. Les pauses que tu as prises dans la vie

Le semestre où la vie t'a mis à mal. L'année que tu as passée à vivre à la maison. Les mois que tu aimerais pouvoir effacer de ton esprit comme des périodes de dégoût de soi et de peur. Il nous arrive à tous d'être dépassés par les événements. Nous ignorons tous comment faire face à la situation. Nous avons besoin de ces périodes pour nous ressaisir, pour réfléchir, pour nous recréer et pour savoir où aller ensuite. Nous sommes plus forts pour avoir traversé ces ruptures, malgré ce que nous avons ressenti à ce moment-là. Nous avons compris comment rebondir plus fort.

10. Les occasions que tu n'as pas saisies

Les endroits où tu n'as jamais voyagé. Les expériences que tu n'as pas vécues. La personne que tu n'as pas suivie lorsqu'elle a décidé de partir. Nous devons desserrer nos poings et laisser tomber toutes les réalités alternatives où nous sommes plus heureux, plus forts, plus brillants grâce à toutes les choses que nous avons faites différemment. Ces univers n'existent pas. Mais le nôtre existe. Et tout va bien ici, si nous ouvrons les yeux et laissons les choses se faire.

11 . Les choses que tu n'as pas dites avant qu'il ne soit trop tard

Les « je t'aime » qu'on a laissés passer. Les appels téléphoniques qu'on n'a pas décrochés. Les messages qu'on a oublié de transmettre alors qu'on avait encore la possibilité de le faire. On pense que nos mots et nos intentions auraient pu changer les choses, alors on utilise nos mots maintenant. On ne laisse plus passer nos « je t'aime ». On décroche le téléphone. Et on se pardonne toutes les fois où on ne l'a pas fait.

12. Les catastrophes que tu n'as pas vues venir

Chaque personne à qui tu n'aurais pas dû faire confiance. Chaque soirée amusante qui a mal tourné. Chaque choix qui, rétrospectivement, n'aurait pas dû être fait. Sauf que nous ne vivons pas nos vies rétrospectivement. Nous la vivons de l'avant. Et nous n'avons pas le privilège de savoir si nos choix seront bons ou mauvais avant de les faire. Nous devons simplement tenter de notre mieux, faire de notre mieux et nous pardonner chaque fois que nous nous trompons. Quand on vit normalement, on se trompe souvent, et c'est tout à fait normal.

13. Tout ce pour quoi tu n'es pas encore prête

Chaque peur qui te retient en ce moment. Chaque acte de foi que tu n'as pas encore fait. Toutes les histoires que tu te racontes sur ce que tu devrais être à l'âge que tu as actuellement. Nous ne sommes pas tous prêts pour la vie. Nous sommes tous un peu timides.

Nous sommes tous un peu intimidés et nous essayons tous de faire ce que nous savons faire, du mieux que l'on peut. Donne-toi le temps dont tu as besoin pour grandir. Ça va le faire, mais pas au moment où tu le penses.

14. Les erreurs que tu n'as pas encore commises

Parce que même si nous aimerions toujours croire que nous sommes éternellement sortis d'affaire maintenant, ce n'est pas le cas. Nous allons encore faire des erreurs. Nous allons encore tomber. Nous allons encore faire d'énormes erreurs inconsolables qui nous diminueront. Et Dieu merci. Le jour où nous cessons de faire des erreurs, c'est le jour où nous cessons de vivre. On doit simplement se donner le temps et l'espace nécessaires pour les faire.

VOILÀ QUAND TU AS BESOIN DE RESTER SEULE

Tu as besoin de rester seule lorsque tu n'es pas en paix avec toi-même. Lorsque passer une nuit seule te donne envie de trembler et de te mettre à l'abri de la tempête qui fait rage dans ton esprit, tu dois apprendre à trouver ton propre abri. Lorsque tu veux que quelqu'un d'autre vienne se serrer contre toi juste pour te distraire de toi-même, tu dois apprendre à tenir ta propre main. Nous pouvons nous aimer les uns les autres mais personne ne peut nous sauver de nous-mêmes et quand nous ne comprenons pas cela le moins du monde, c'est que nous avons le plus besoin d'être seuls.

Tu as besoin d'être seule quand tu es malheureuse avec toi-même. Quand tes défauts et tes lacunes sont des choses que tu espères que quelqu'un aimera un jour, plutôt que d'être des imperfections sur lesquelles tu te résous à travailler en toi-même. Lorsque tu espères que quelqu'un viendra te sauver du désordre que tu as créé, tu dois apprendre à te reconstruire. Tu dois apprendre ce que tu as à offrir, et pas seulement ce que tu as à prendre. Tu dois apprendre à être la personne qui te sauve.

Tu as besoin d'être seule quand tu ne peux pas regarder un autre être humain – de l'autre côté du métro ou de la table ou des draps qui sont agglutinés entre vous – sans imaginer ce que tu ressentiras une fois que ce sera fini. Lorsque chaque nouveau départ n'est qu'un nouveau rappel de chaque fin douloureuse qui l'a précédé, tu n'es pas prête à recommencer. La personne dont tu vas tomber amoureuse mérite tous tes débuts et aucune de tes fins, et si tu es encore déchirée par le passé et que cela se répercute directement sur l'avenir, cela peut signifier que tu as besoin de plus de temps pour guérir. Tu as besoin d'être seule quand tu ne peux arriver nulle part avec tout ton cœur, parce que l'amour en exige jusqu'à la dernière parcelle.

Tu as besoin d'être seule quand tu veux être égoïste. Tu ne peux pas te sacrifier et faire des compromis pour devenir une version différente de toi-même, qui veut moins, qui s'adapte plus et qui est heureuse de faire le genre de sacrifices que tu détestes. Tu es ce que tu es et si tu ne peux pas te concentrer sur un autre être humain parce que tu penses au cours, au salon de l'emploi ou à l'événement auquel tu préférerais assister lorsque tu es allongé dans ton lit à côté de lui, alors tu dois sortir et faire ce que tu préférerais faire. Tu es plus égoïste en faisant marcher quelqu'un qui pense que tu es prête à faire des sacrifices pour lui qu'en appelant un chat un chat et en vivant ta vie de façon inconditionnelle.

Tu as besoin d'être seule quand les choses changent. Lorsque ton ancien monde commence à disparaître et que le nouveau commence à apparaître, il est si facile de vouloir attraper la main la plus proche que tu vois et lui dire : « Regarde ! Regarde ce monde qui grandit ! » parce que tout est chaotique, merveilleux et nouveau. Sauf qu'il est difficile de courir avec la main serrée dans celle de quelqu'un d'autre tout en sachant qu'à un moment ou à un autre, tu auras envie de courir encore plus vite et t'échapper. Si tu es quelqu'un qui a besoin de courir seule, ce n'est pas grave. C'est bien de vouloir explorer les options qui s'offrent à toi de la façon la moins contraignante possible. C'est normal d'avoir besoin de le faire seule.

Tu as besoin d'être seule lorsque tu es en train d'évoluer vers une nouvelle version de toi-même. Lorsque tu te débarrasses des couches de ce que tu as été comme une peau de serpent, tu as besoin de temps pour enterrer ce que tu as été. Nous entrons dans notre nouveau moi avec tant d'insouciance que nous trébuchons sur les bords et les parties non attachées de la personne que nous n'avons pas encore trouvé comment être. Nous avons besoin de temps pour nous adapter aux chaussures que nous commençons à peine à enfiler. Nous avons besoin de temps pour comprendre qui nous allons devenir.

Tu as besoin d'être seule quand tu n'es pas encore prête. Quand tu rencontres quelqu'un de patient, de gentil et de bien intentionné et que pourtant une partie de toi se retient. Tu dois savoir que ce n'est à personne d'autre de briser les murs que tu as construits et qui est une forteresse de ta propre responsabilité. Lorsque tu n'es pas prête à donner tout ton cœur à quelqu'un par peur de ce qu'il en fera, c'est à toi-même que tu dois apprendre à faire confiance. C'est à toi-même que tu dois revenir, morceau par morceau, à mesure que tu apprends que ton cœur est un récipient inépuisable et rechargeable qui ne s'épuise pas et ne se désagrège pas lorsqu'il est donné. C'est avec toi-même que tu dois apprendre à être seule.

Tu as besoin d'être seule chaque fois que tu sais, au plus profond de ton cœur, que tu dois l'être. Quand toute la raison, tous les sentiments et toute la logique du monde entier se dressent contre toi et qu'une partie de toi veut encore s'en aller. Tu as besoin d'être seule chaque fois qu'une partie calme et douce de toi-même te suggère que ce n'est pas le moment. Ce n'est pas l'endroit. Ce n'est pas la personne qu'il te faut. Tu as besoin d'être seule chaque fois que tu essaies de faire entrer une pièce carrée dans un trou rond et qu'elle ne veut pas se tordre pour s'adapter. Tu as besoin d'être seule quand tu es perdue. Quand tu es retrouvée. Quand tu es entière. Quand tu es brisée.

Un jour, tu comprendras que tu peux être toutes ces choses aux côtés de quelqu'un d'autre. Mais avant tout, tu dois apprendre à les être toute seule.

POURQUOI C'EST SI DUR DE SURMONTER UNE TROMPERIE

C'est difficile de se remettre d'un infidèle parce que lorsque tu quittes la relation, il y a deux personnes dont tu dois faire le deuil. La première est le connard qui t'a trompé, dans toute sa gloire imparfaite et infidèle. C'est la personne contre laquelle il est facile de se mettre en colère, la personne avec laquelle il est facile de couper les ponts, la personne dont il est facile de dire de la merde pendant que vous allez boire des cocktails avec vos copines le soir. C'est la personne que tu es heureuse de quitter parce que tu sais que tu ne mérites pas ses conneries dans ta vie.

L'autre personne que tu dois oublier, c'est la personne que tu pensais qu'elle était. La relation que tu pensais avoir. La confiance que tu as si soigneusement construite, sans savoir que les fondations étaient faites de sables mouvants. Ce n'est pas l'infidèle que tu pleures à 4 heures du matin quand tu rentres du bar seule et que tu veux l'appeler pour lui dire qu'il est pardonné ; c'est son alter-ego intangiblement parfait. Celui avec qui tu as construit ta vie. Celui en qui tu as mis toute ta confiance. Celui dont tu pensais qu'il serait toujours là, jusqu'à ce qu'il ne le soit plus. Tu détestes la personne qu'il est devenu, mais tu aimes la personne qu'il était. Tu aimes la façon dont les choses étaient. Tu aimes le souvenir de chaque jour de bonheur et d'innocence passé avec eux, si férocement que cela te déchire en mille morceaux.

Il est difficile de se remettre d'un infidèle parce que tu n'arrives jamais à tourner la page. Tu ne peux pas raisonner pour trouver la cause de l'infidélité et je t'encourage fortement à ne pas essayer. Le fond de ton esprit ne fera qu'inventer des raisons qui te feront horreur : tu n'étais pas assez drôle, pas assez sexy ou pas assez séduisante. Tu n'as pas été assez attentive. Tu n'as pas pris assez de temps. Avec chaque titre de magazine criant « Comment plaire à ton amant ! » et « Comment ne pas faire fuir les bons », tu commences à soupçonner que c'est ta faute s'il t'a trompée, pas la sienne. Tu sais logiquement que ce n'est pas vrai, mais tu as l'impression que c'est vrai. Plus tu cherches une raison, plus la vérité t'échappe. Une simple erreur de jugement ne semble pas être une explication adéquate pour l'enfer que tu as vécu. Tu cherches donc une raison plus grande et meilleure qui n'existe pas.

Il est difficile d'oublier un infidèle parce que la seule personne que tu détestes plus que lui, c'est toi-même. Tu te détestes d'être tombé dans son piège. D'avoir investi dans cette personne. Pour avoir fermé les yeux sur chaque drapeau rouge qui était un indice en cours de route. Tu te méprises pour avoir cru à tous les mensonges qu'il a raconté et pour les avoir laissés aboutir. Tu te détestes de ne pas avoir assemblé les pièces du puzzle que tu n'as jamais tenues.

Il est difficile de se remettre d'un infidèle parce qu'on nous donne rarement l'occasion de faire correctement notre deuil. On nous encourage à ressentir toutes les émotions négatives possibles à l'égard de nos amants infidèles, mais on nous dit que nous ne pouvons pas continuer à les aimer. Ils ne peuvent pas nous manquer. Nous ne pouvons pas pleurer la perte de cet amour parce que nous devrions être trop en colère pour ressentir de la tristesse. On ne nous donne pas la chance de passer par le processus habituel de deuil de quelqu'un qui faisait autrefois partie intégrante de notre vie. Et parce que nous essayons de nous priver de ce processus, nous personnifions la douleur. Nous avons honte de les aimer encore. Honte d'avoir encore besoin de faire notre deuil. Honte de ne pas être prêts à recommencer tout de suite, même si nous savons que nous méritons tellement mieux. Honte parce que cela doit nous rendre faibles de ressentir autre chose que de la haine.

Il est difficile d'oublier un infidèle parce que la vraie personne que nous devons pardonner en fin de compte, c'est nous-mêmes. Nous devons nous pardonner d'avoir manqué les signes que nous n'aurions jamais pu voir. D'avoir perdu un jeu pour lequel nous n'avons jamais accepté de jouer. D'avoir eu une connexion parfaitement naturelle avec une personne qui s'est avérée ne pas être celle qu'elle prétendait être. Nous ne voulons pas accepter que de mauvaises choses puissent nous arriver comme ça, par hasard. Que nous puissions être dupés et traités injustement et que nous soyons quand même perdants à la fin. Nous voulons croire à l'équilibre éternel de l'Univers, ce qui suggère que lorsque nous souffrons, c'est que nous avons fait quelque chose de mal. Il est difficile de se remettre d'un infidèle parce que cela signifie accepter l'idée bizarre que la vie peut être injuste au sens le plus dur du terme.

Il est difficile d'oublier un infidèle parce qu'une trahison de la confiance met votre monde sens dessus dessous. Et la seule façon de le remettre à l'endroit est de se donner la permission de surmonter cette épreuve. D'accepter ce qui s'est passé. De faire le deuil d'une personne que nous détestons. De faire le deuil d'une relation que nous avons quittée. De travailler sur chaque situation paradoxale que nous rencontrons, jusqu'à ce que nous arrivions de l'autre côté. Le côté où l'on peut faire table rase du passé. Le côté où nous ne nous contentons pas de soupçonner que nous méritons mieux – nous le savons. Et le côté où nous sommes fiers de nous-mêmes parce que dans le fond, nous n'avons jamais rien voulu de moins.

SI TU PENSES QUE C'EST TROP LONG DE LÂCHER PRISE

Tout le monde semble avoir une règle différente sur le temps qu'il faut pour se remettre de quelque chose. S'il s'agit d'une relation, on dit qu'il faut la moitié de la durée de celle-ci. S'il s'agit d'une perte, on dit qu'il faut environ un an – assez longtemps pour passer à travers chaque fête ou occasion spéciale que tu avais l'habitude de vivre à ses côtés. Nous utilisons des termes comme « passer à autre chose » et « lâcher prise » comme s'il s'agissait d'actions aussi simples que de fermer une porte et de s'éloigner physiquement. Nous déroulons nos doigts et laissons tomber ce que nous tenons – c'est ça le lâcher-prise, n'est-ce pas ? C'est juste ça ?

Je ne pense pas avoir vécu une seule perte dans ma vie que j'ai surmontée dans le délai qui semble avoir été alloué par la société comme étant « acceptable ». Et je pense que je ne suis pas la seule dans ce cas. Ce n'est pas dans la nature humaine de lâcher prise. Nous sommes, au fond, des créatures territoriales. Nous nous battons pour nous accrocher à ce que nous aimons. Abandonner n'est en aucun cas instinctif.

S'il y a quelque chose dont j'aimerais que l'on parle davantage, c'est de toutes les étapes intermédiaires à franchir pour lâcher prise. Parce que personne ne lâche prise en une seule fois. Tu lâches prise une fois. Et puis tu le fais à nouveau. Et encore une fois, et encore une fois, et encore une fois. Tu lâches prise à l'épicerie quand sa bière préférée est en solde et que tu ne l'achètes pas. Tu lâches prise quand tu nettoies ta salle de bain et que tu dois jeter la bouteille de gel douche qui sent comme lui. Tu lâches prise ce soir-là, au bar, quand tu rentres chez toi avec quelqu'un d'autre. Et tu lâches prise chaque année à l'anniversaire du jour où tu l'as perdu. Parfois, tu devras lâcher prise un millier de fois différentes, de mille façons différentes, et il n'y a rien de pathétique ou d'anormal à cela. Tu es humaine. Et ce n'est pas toujours aussi simple que de prendre une décision et de ne jamais regarder en arrière.

Aller de l'avant, ce n'est pas toujours accélérer avec enthousiasme, c'est plutôt avoir un pied sur l'accélérateur et l'autre sur le frein – ralentir et accélérer tour à tour. Tu n'es pas une ratée si tu te rends dans un endroit extraordinaire et que tu as toujours l'impression qu'il manque une partie de toi une fois que tu y es arrivée. Tu n'es pas pathétique si tu fais ton deuil pendant que tu grandis. Les mauvaises choses ne disparaissent pas en un clin d'œil et les bonnes choses n'apparaissent pas sans provoquer au moins quelques dommages collatéraux. Il faut du temps pour que tout s'équilibre. Et c'est normal.

La vérité, c'est qu'aucun d'entre nous ne veut se considérer comme un travail en cours. Nous voulons que tout se passe instantanément : tomber amoureux, rompre, laisser tomber ce que nous savons devoir laisser dans le passé et aller de l'avant vers ce qui vient ensuite. Nous détestons les espaces intermédiaires – les moments où nous allons bien mais où nous n'y sommes pas encore tout à fait. Les périodes où nous soupçonnons que la croissance est en marche mais où nous n'avons rien à montrer. Les jours où tout semble se mettre en place et où, pourtant, nous rentrons chez nous et pleurons dans notre oreiller parce qu'il n'y a personne avec qui partager notre chance. Si le succès est un escalier, nous faisons éternellement deux pas en avant et un pas en arrière, et ce n'est pas grave. C'est ainsi que nous nous contrôlons nous-mêmes. C'est ainsi que nous nous empêchons de tout faire exploser.

Nous devons être patients avec nous-mêmes lorsque nous nous déplaçons dans les parties qui séparent notre passé de notre avenir. Nous devons laisser le gouffre nous motiver plutôt que nous décourager. C'est normal de ne pas y être encore. C'est normal de ne pas être sûr de chaque pas que l'on fait. Nous ne parlons pas du fait qu'aller de l'avant donne parfois l'impression de lutter contre tous nos instincts les plus fondamentaux, mais nous devrions le faire. Nous devrions parler du fait que la croissance est souvent aussi douloureuse que belle.

Parce que la croissance et le lâcher-prise sont si complexes qu'on ne voit souvent que l'un ou l'autre. Nous oublions qu'ils peuvent exister côte à côte – libérer l'ancien tout en laissant entrer le nouveau. Nous oublions que nous avons la capacité de faire exactement la même chose. Et que si nous arrêtions de nous faire du mal, nous pourrions nous rendre compte du chemin parcouru.

VOICI LE MOMENT OÙ TU TE REMETTRAS DE TON EX

Tu oublieras ton ex la première fois que tu oublieras l'anniversaire de sa mère. Cela te frappera peut-être pendant que tu fais tes courses, ou quatre jours avant la date, ou même des semaines après qu'elle soit passée, mais tu identifieras soudain le sentiment lancinant au fond de ton esprit qu'il y avait quelque chose que tu avais oublié à propos de la date du dix-sept juin. Tu seras choquée de constater que ton esprit a fait un bond en avant dans le processus de passage à l'action – en laissant tomber les souvenirs subtils dont il n'a plus l'utilité et en se débarrassant discrètement de toutes les informations qui t'empêchaient d'aller de l'avant.

Tu laisses donc passer les dates importantes – d'abord l'anniversaire d'un membre de sa famille, puis le sien, puis le votre et, certains jours, le pas semble impossible à franchir – le téléphone semble si facile à décrocher, mais tu combats l'envie et tu continues à avancer. Une partie de toi sait qu'il vaut mieux attendre. Tu dois prendre les choses par vagues. Tu sais qu'un jour, tu oublieras son anniversaire et qu'il oubliera le tien aussi, et jusqu'à ce jour, tu t'occupes. Tu continues à bouger. Et tu continues à laisser passer les petits détails.

Tu oublieras ton ex la première fois que tu recevras une nouvelle excitante et qu'il ne te viendra pas à l'esprit de l'appeler. Lorsque tu te couperas les cheveux à la perfection et que tu ne penseras pas à lui envoyer une photo. Lorsque tu auras enfin décroché le poste de tes rêves et que tu ne l'inviteras pas à la soirée de bienvenue. Tu te rendras compte qu'à un moment donné – peut-être au bout d'une longue période – ta vie est redevenue uniquement la tienne. Tes triomphes et tes échecs t'appartiennent d'une manière qui est à la fois séduisante, vivifiante et un tout petit peu triste. Mais cela ne te donne pas envie de revenir en arrière. Tu t'es sentie à l'aise dans ton autonomie et c'est comme ça où tu as envie d'être.

Tu oublieras ton ex lorsque tu rencontreras quelqu'un d'autre. Non pas lorsque tu te mettras en couple ou que tu tomberas amoureuse, mais la première fois que tu te trouveras assise à la table d'un café bondé face à quelqu'un dont le sourire te fait fondre et dans les bras duquel tu serais parfaitement à l'aise, alors qu'une partie de toi se retient de l'embrasser. Tu réaliseras à ce moment-là que la vie a cessé d'être une course effrénée pour trouver quelqu'un qui puisse remplacer ton ex, ou pour remplir le trou douloureux qu'il a laissé à l'intérieur de toi. Tu es en train de remettre ton cœur en place et tu veux le faire correctement avant de sauter à pieds joints dans quelque chose de nouveau. Tu sais qu'un jour tu aimeras quelqu'un d'autre – que la capacité d'affection et d'appartenance n'est pas perdue pour toi et que tu ne finiras pas seule. Ce n'est pas parce que ton cœur est douloureux que tu es brisée, sans espoir ou sans amour – tu es simplement en train de te guérir. Et lorsque tu auras terminé, c'est un tout nouveau monde qui t'attend.

Tu ne te remettras pas de ton ex d'un seul coup. Tu t'en remettras grâce à une série de petits moments agréables qui te ramèneront tranquillement à toi-même. Et d'une certaine façon, il ne te quittera jamais vraiment. Les personnes qui nous changent de façon importante et irrévocable ne le font jamais. Pour les oublier, nous devrions nous transformer en des personnes tellement méconnaissables que nous perdrions notre identité. Au lieu de cela, nous apprenons à intégrer l'influence qu'ils ont eue – les livres que tu lis maintenant à cause des sujets qu'ils t'ont fait découvrir. La musique que tu télécharges maintenant grâce aux paroles qu'ils aimaient. Les façons dont tu regardes maintenant le monde qui ne t'auraient jamais traversé l'esprit s'ils ne t'avaient pas ouvert les yeux pour voir et faire les choses différemment. Nous ne perdons jamais les personnes que nous aimons dans leur intégralité et peut-être ne devrions-nous jamais le faire – nous devenons nous-mêmes des personnes plus grandes et plus complètes grâce à cela.

Tu te remettras de ton ex le jour où tu te rendras compte que tu ne t'en remettras peut-être jamais. Que des morceaux de lui vont vivre en toi pour toujours et que s'en débarrasser reviendrait à se débarrasser d'une partie de toi-même. Mais le jour où tu peux passer à autre chose, c'est le jour où tu décides simplement de le faire malgré tout – malgré le sentiment de souffrance et de manque de confiance en toi qui te supplie de ne pas prendre de risque. Malgré l'esprit peureux et inquiet qui te dit que personne ne t'aimera jamais mieux. En dépit de chaque partie maladroite de toi qui veut continuer à s'accrocher, mais qui sait qu'elle doit lâcher prise. Le jour où tu passes enfin à autre chose, c'est le jour où tu décides d'aller de l'avant – avec toute ta peur, toute ta douleur et toutes tes subtiles hésitations. C'est le jour où tu te remets enfin de tes émotions.

CE QU'ON NE TE DIT PAS SUR L'AMOUR

On ne te dit pas que tu passeras une grande partie de ta vie d'adulte à essayer de reconstruire ta première expérience de l'amour. Pendant un certain temps, chaque rendez-vous, chaque relation, chaque personne avec laquelle tu tomberas amoureuse sera continuellement soumise à la référence absolue de la première personne qui a élu domicile dans ton cœur et que toutes les autres ne seront pas à la hauteur. On ne te dit pas que le premier amour est une bête féroce et indomptable et qu'un jour, tu seras heureuse d'avoir trouvé quelque chose de plus docile et calme. Mais pendant un certain temps, la nature sauvage te manquera. Et ce n'est pas grave.

On ne te dit pas que l'amour crée une dépendance. Qu'il a le potentiel inexplicable de consommer chaque partie de ton être et de te faire oublier ce que tu voulais autrefois en son absence. Que tu ne seras pas toujours prête pour le monde dans lequel l'amour t'emporte et que tu perdras la tête et les pédales d'une manière que tu avais juré de ne jamais voir. On ne te dit pas que le premier coup de foudre est aussi puissant que le premier shoot à la cocaïne et qu'il s'agit d'une dépendance totalement intenable.

On ne te dit pas que l'amour est un travail. Qu'il ne s'agira pas toujours d'un fleuve tranquille d'adoration, d'attention et de bien-être. Que parfois, l'amour impliquera des choix que tu ne veux pas faire et des routes que tu ne veux pas emprunter, et qu'il sera tout aussi ingrat, qu'incroyable et généreux. On ne te dit pas que l'amour pourrait faire de toi une personne que tu ne veux pas être. Et que tu devras apprendre beaucoup de choses si tu veux grandir dans l'amour.

On ne te dit pas que l'amour va te briser. Qu'un jour, tous les espoirs idéalistes que tu as eus sur ce que signifie donner et recevoir de l'amour gratuitement seront brisés d'une manière que tu ne pourras jamais reconstruire complètement. Peu importe le nombre de cœurs, de mains et d'avenirs que tu auras avec quelqu'un d'autre après ce moment, tu ne retrouveras jamais la façon dont tu as regardé l'amour et espéré qu'il se manifeste pour toi. On ne te dit pas que ce sera finalement une bonne chose – que l'amour réel et concret finira par éclipser l'amour fragile et fantaisiste que tu avais construit dans ton esprit. Mais que pour y arriver, ce sera un voyage. Un voyage auquel tu ne seras absolument pas préparée et dont tu ne guériras peut-être jamais complètement.

On ne te dit pas que tu oublieras d'être aimée. Qu'à un moment donné, dans le processus de réalisation, d'effort, de croissance et d'avancement de ta vie, tu laisseras l'amour de côté. Que tu oublieras subtilement ce que c'est que d'être touchée, d'être chérie, d'être adorée et admirée par un autre être humain doté d'un esprit et d'un corps tout aussi réels que les tiens. On ne te décrit pas la douleur lancinante et inconsolable qui grandit en toi plus tu oublies que tu as besoin d'amour. On ne te dit pas que tu en as besoin comme de l'eau et de l'air et que, peu importe à quel point tu essaies de prouver le contraire, une petite partie de toi sera toujours un peu insatisfaite sans lui.

On ne te dit pas que l'amour est une habitude. Que tu peux la perdre et devenir maladroite et malhabile à le donner et à l'accepter en retour. Que tu deviendras impatiente avec toi-même au cours de ce processus, te demandant pourquoi les murs autour de ton cœur sont devenus si hauts depuis que tu les as abattus pour la dernière fois. Que certaines vieilles blessures saigneront à nouveau à chaque contact tendre et qu'il faudra du temps pour les guérir. On ne te dit pas que l'amour peut être oublié jusqu'à ce que, soudainement, de façon inattendue, il ne le soit plus. On ne te dit pas qu'une fois que tu as recommencé, l'amour devient l'habitude la plus impossible à perdre.

On ne te dit pas que personne ne peut te dire comment toi tu ressentiras l'amour. Que c'est une expérience si unique pour chacun d'entre nous que nous ne comprendrons jamais vraiment dans quoi nous nous engageons avant de nous retrouver en plein milieu. On ne te dit pas que ce sera bruyant et silencieux, grand et petit, féroce et discret, fier et honteux, tout à la fois. On ne te dit pas ce que l'amour va finir par signifier pour toi, parce qu'on ne peut pas.

Parce que pour certaines choses, nous n'avons toujours pas de mots.

SOIS JUSTE CELLE QUI TIENT LE PLUS AUX AUTRES

Quelqu'un doit toujours se soucier davantage des autres. C'est la règle fondamentale et regrettable du fonctionnement des relations. Si une personne ne se souciait pas un tout petit peu plus que l'autre, personne ne serait jamais invité à sortir. Ou demandée en mariage. Ou qu'on lui donne des conseils pour l'empêcher d'être au bord du divorce. Quelqu'un doit toujours faire un tout petit peu plus d'efforts que l'autre partie n'en fait et, tout au long de ta vie, tu seras au moins une fois dans les deux camps.

Tu seras aimée par quelqu'un que tu aimes bien. Tu seras éperdument amoureuse de quelqu'un qui, pour l'essentiel, pense que tu es juste OK. Et je peux presque entièrement t'assurer que tu vas détester cette dernière situation. C'est le cas de tout le monde. Le fait d'être celle qui se soucie le plus des autres te donne l'impression désagréable d'être en manque d'affection – comme si tu devais soudain justifier toute ton existence auprès de quelqu'un d'autre.

« Je suis géniale ! Sortez avec moi ! » auras-tu envie de leur crier. « Je suis intelligente et adorable, mes blagues tombent à pic et mes cheveux sont fantastiques aujourd'hui. » Tu passeras au peigne fin les raisons possibles pour lesquelles ils ne sont pas aussi excités que toi à ton sujet que tu l'es au leur, et tu rentreras au mieux les mains vides, au pire rempli de doutes sur toi-même. Tu prendras la résolution de moins te soucier des autres. Tu t'efforceras de faire taire la réaction émotionnelle la plus élémentaire qui soit face à une situation qui te réjouit.

Et tu sais quoi ? C'est des conneries.

Être celui ou celle qui s'en fiche nous permet de nous sentir cool et superficiel. Mais jamais rien de plus que cela. Ce n'est même pas comparable à l'excitation de rencontrer quelqu'un dont tu es FOLLE. Quelqu'un qui illumine ta journée à chaque interaction subtile. Quelqu'un que tu as hâte de revoir. Quelqu'un avec qui tu as soudain envie de passer chaque instant, même si c'est fou et impulsif et que ça arrive beaucoup trop vite. Je sais que c'est une épreuve d'être celle qui se soucie le plus des autres. Mais c'est aussi le sentiment le plus passionnant et le plus épanouissant qui soit, et j'aimerais t'exhorter à ne pas t'en priver.

Sois la personne qui se soucie le plus des autres. Sois la personne qui essaie plus fort, qui aime plus fort, qui se donne plus à fond que toutes les personnes à moitié vivantes qui l'entourent. Sois la personne qui répond à ses messages, se présente à ses engagements et ne laisse pas les autres en suspens ou deviner ses intentions éternellement vagues. Sois la personne avec laquelle tu aimerais sortir. Si tu en as assez de ce jeu, arrête d'y jouer. Si tu en as assez des conneries, alors arrête.

Parce que la dernière chose dont ce monde a besoin, c'est d'une personne indifférente de plus. Si tu es la seule personne qui a encore de la passion, alors utilise-la. Utilise-la à fond. À la fin de ta vie, pars avec un cœur meurtri, usé, qui a trop donné, aimé trop fort et ressenti trop férocement. Pars avec la certitude d'avoir donné tout ce que tu avais et de n'avoir rien retenu. Pars les mains vides lorsqu'il s'agit de ce que tu aurais dû faire et de ce que tu aurais pu faire. Parce que c'est une façon de vivre infiniment plus satisfaisante qu'autrement. Il sera toujours plus honorable d'être sur le terrain à se faire piétiner que d'être sur la touche à se sentir supérieur pour n'avoir jamais essayé.

J'en ai assez d'être fière d'être celle qui s'en fiche. Ce n'est pas un badge d'honneur à porter sur la poitrine comme un triomphe du détachement humain. Si tu t'en fiches, coupe le cordon. Si tu t'en soucies plus, montre-le. Réponds à tes messages. Présente-toi à tes engagements. Ne réduis pas ou ne dilue pas ta passion pour suivre quelqu'un qui est mort à l'intérieur. Arrive avec enthousiasme à chaque moment de ta vie.

Parce que c'est ce dont nous avons besoin dans ce monde – plus de gens qui se sentent concernés. Plus de gens qui se sentent impliqués. Plus de gens qui n'ont pas peur de crier ce qu'ils veulent sur les toits et de le poursuivre avec un sentiment de devoir accomplir une mission. Nous avons besoin de plus de gens passionnés. Plus de gens qui ont de l'entrain. Plus de gens qui se lèvent et se battent pour obtenir exactement ce qu'ils veulent dans la vie parce qu'ils n'ont pas peur d'avoir l'air un peu stupide et de se sentir un peu déçus sur le chemin de la réalisation de ce qu'ils veulent.

Nous avons besoin de plus de gens qui se soucient davantage des autres, peu importe de quoi ils ont l'air. Plus de gens qui sont, peut-être, exactement comme toi.

LAISSE-MOI UNE CHANCE

Laisse-moi une chance. Je sais que ces mots sont empreints d'incertitude. Je sais que tu as déjà pris des risques et que cela a déjà échoué et t'a laissé sur le carreau. Je sais que tu as peur de recommencer après que tout ce qui a précédé a échoué – moi aussi. Mais bébé, si je dois échouer à nouveau, c'est avec toi que je veux sombrer dans les flammes. Je sais que rien ne marche jamais, mais si ça arrive, ce sera maintenant. Ce serait ici. Ce serait toi et moi et quel que soit le brasier qu'il y a entre nous.

Laisse-moi une chance. Parce que le moment sera toujours mal choisi et que les planètes ne s'aligneront jamais, mais je briserais toutes les horloges de cette ville et j'empêcherais toutes les étoiles de briller si cela signifiait que, pour un après-midi, nous pourrions mettre tout cela de côté et céder. Céder à la possibilité que quelque chose puisse enfin fonctionner, malgré tout ce qui se dresse sur le chemin. Céder à la façon dont ton toucher me fait frissonner et dont tes mots font courir mon esprit et le font tourner en rond. Céder à la probabilité que tout cela fonctionne ou se termine bien ou se mette en place exactement comme nous l'avions espéré ou que tout cela en vaille la peine, même à moitié. Céder à la folie. Céder à toi, céder à moi.

Laisse-moi une chance – parce que demain l'Univers pourrait s'effondrer sur lui-même et cette ville pourrait se désintégrer en cendres et le soleil pourrait éclater en un millier de rayons dispersés mais bordel je ne veux pas mourir sans jamais savoir ce que ça fait d'avoir tes lèvres sur les miennes. Parce que lorsque la fin arrivera, tu pourrais être au travail en train de classer des papiers, et je pourrais être en train de siroter un latte au café, et ta dernière pensée pourrait être « Ce papier ne ... » et la mienne pourrait être « Quel délicieux caf... » . Mais lorsque cet éclair aveuglant émergera et que nos derniers instants sur terre exploseront soudainement, je veux me souvenir de la façon dont tu as ri jusque dans ma bouche en m'embrassant et de la sensation de ta peau contre la mienne.

Laisse-moi une chance, parce qu'aucune chance ne fonctionne jamais. Parce que chaque relation semble se terminer par un chagrin d'amour et que chaque nouveau départ finit par se conclure, mais nous avons tout le temps du monde entre ces deux points et nous avons l'intention de profiter de chaque seconde. Parce qu'un jour, je détesterai peut-être la façon dont tu plisses les yeux quand tu te concentres et tu mépriseras peut-être la façon dont je fais les cent pas quand je suis nerveuse, mais pour l'instant, tu es parfait, attachant et pur, et pourquoi ne pourrions-nous pas en profiter ? Parce que tout finit par se terminer et que le but est d'aimer ce qu'il y a entre les deux et si, pour moi, c'est toi, alors je suis heureuse.

Laisse-moi une chance, même si je ne peux pas te promettre qu'elle en vaudra la peine. Je n'ai aucune garantie, aucune boule de cristal, aucune vision de l'avenir où nous sommes heureux, en bonne santé et ensemble pour le reste de nos jours. On m'a promis trop d'avenirs pour que j'y croie encore, alors à la place, j'aimerais t'offrir ce moment, là, maintenant. Je ne peux t'offrir que ce moment, où je me tiens devant toi en sachant que tout cela pourrait un jour s'effondrer, mais ce jour n'est plus ce que je recherche. J'ai juste ici et maintenant et tout ce que je peux espérer, c'est que cela suffise. Que nous puissions décider de l'avenir au fur et à mesure qu'il se présente.

Laisse-moi une chance – parce que je veux t'en laisser une.

Et il suffit d'une fois pour que ça marche.

SI TU PENSES QUE LE MOMENT EST TOUJOURS MAL CHOISI

Parlons de la façon dont nous avons mal choisi notre moment tous les deux.

Tu vois, nous n'aurions pas pu planifier les choses plus mal.

Il aurait été infiniment plus facile de te rencontrer deux ans plus tôt ou trois ans plus tard ou dans un espace ou un lieu ou un pays ou un fuseau horaire différent.

Il aurait été plus simple de te rencontrer dans un monde où je pourrais me réveiller niché étroitement à tes côtés et où tu pourrais te joindre à chacune de mes aventures.

Ce serait merveilleux d'avoir tous nos destins alignés et de voir le timing se dérouler parfaitement.

Mais j'ai tendance à dire que nous devrions compter nos bénédictions.

Car voici le miracle absolu que nous ne pouvons pas nous permettre d'ignorer : sur les milliards d'années d'existence de la

Terre, toi et moi nous sommes retrouvés en vie exactement au même moment.

Je ne suis pas né le jour de ton 90e anniversaire. Tu n'es pas mort prématurément à l'âge de 3 ans.

Je n'ai pas vécu comme un pauvre en l'an 400 avant J.-C. Tu ne verras pas le jour 500 ans plus tard. Parmi tous les siècles, époques, périodes et univers dans lesquels nous aurions pu nous retrouver, nous nous sommes retrouvés tous les deux ici.

Nous nous sommes retrouvés à l'époque des avions, des trains, des voitures, des téléphones portables et des appels Skype. Nous nous sommes retrouvés à l'ère de la communication incessante et de la connexion instantanée. De tous les mondes possibles dans lesquels nous aurions pu rester coincés, nous nous sommes retrouvés à vivre à une époque où il est possible de se réveiller avec un message de bonjour tous les jours de quelqu'un qui se trouve à l'autre bout du monde.

Et quand tu vois ça comme ça, ça ne semble pas si mal. Quand tu vois les choses sous cet angle, il ne te semble pas insupportable d'attendre quelques mois de plus, quelques années laborieuses ou une seule période d'absence qui finira par être comblée. Quand tu regardes les choses sous l'angle de la sombre improbabilité que deux personnes comme toi et moi puissent un jour coexister, le moment ne semble pas si mal choisi.

Car vraiment, qui sommes-nous pour exiger davantage de l'Univers ? Qui sommes-nous pour exiger que les planètes s'alignent toutes en notre faveur et que les fortunes répondent toujours à nos destins ? Si l'on s'en tient aux probabilités, nous sommes déjà sortis vainqueurs de cette affaire. Il est donc tout à fait normal que nous y mettions du nôtre.

Parce que la vérité sur le mauvais timing, c'est que ce n'est rien d'autre que la raison la plus insignifiante au monde pour ne pas essayer.

C'est l'excuse la plus simple pour abandonner. C'est une raison toute trouvée pour tirer sa révérence. Dire que le moment est mal choisi n'est rien d'autre que « Tu ne vaux pas la peine qu'on me dérange ».

Et quand il s'agit de toi, c'est faux.

Quand il s'agit de toi, je traverserais des époques, des fuseaux horaires, des réalités alternatives et des univers illimités pour essayer de te trouver.

J'attendrais pendant des décennies, des âges, des siècles ou des vies. J'attendrais à travers les guerres, les résolutions, les tsunamis, les âges de glace et les apocalypses. J'attendrais indéfiniment. J'attendrais pour toujours.

Mais ce qui est génial, c'est que tu n'as pas besoin de faire tout ça. Parce que nous sommes ici, maintenant. À cette époque. Dans cet univers.

Et tant que tu es en vie ici et que je suis en vie aussi, le moment est suffisamment bien choisi pour moi.

LAISSE-MOI TOMBER AMOUREUSE DE TON CÔTÉ OBSCUR

S'il te plaît, arrête d'essayer de me vendre ta perfection. Tu es imparfait et je suis imparfaite et nous portons tous les deux des manteaux brillants de vertu mais je sais que lorsque la journée est terminée et que les lumières sont tamisées, tu te débarrasses de toute ta sainteté comme d'une peau de serpent et je le fais aussi. Dis-moi ce que tu caches, ce que tu héberges, ce que tu ne veux pas que le monde sache sur toi de peur que cela soit mis en lumière.

Parle-moi des fois où tu n'as pas pu te sauver. Donne-moi tes parties brisées, tes morceaux fracturés, tout ce qui a pesé trop lourd sur le sol de ton cœur pour que tu puisses jamais tendre la main et le réassembler. Dis-moi où tu es allé la première fois que tu t'es perdu. Raconte-moi comment tu n'es jamais revenu. Donne-moi une carte avec des coordonnées qui mènent au coin le plus profond et le plus tordu de ton âme, là où se cachent encore tous tes démons invaincus. Laisse-moi les voir. Laisse-moi tendre la main et les toucher de mes propres doigts tremblants, parce que je ne supporte toujours pas d'affronter les miens.

Donne-moi tes défauts. Raconte-moi l'histoire de la première personne que tu n'es jamais devenue et toutes les façons dont tu l'as laissée mourir. Dis-moi quels regrets déchirent tes cordes sensibles et quels rêves inassouvis s'installent encore sous ta peau. Montre-moi les montagnes que tu n'as jamais conquises, les routes que tu n'as jamais parcourues, les batailles que tu as abandonnées avant même d'avoir posé le pied sur le sol ennemi. Montre-moi les choses que tu n'as jamais réussies, car il n'y a pas de guerre plus blessante que celle que nous n'avons jamais menée et il n'y a pas de route plus intimidante que celle que nous n'avons jamais empruntée.

Donne-moi tes luttes et tes impuretés. Parle-moi de la pire chose que tu aies jamais faite. Parle-moi du regret qui s'est glissé sous ta peau et qui a battu dans ton système sanguin comme une maladie indésirable après que tu as fait la plus grosse erreur de ta vie. Raconte-moi comment il a déchiré ton âme et t'a envahi. Parle-moi des fois où tu n'arrivais pas à te regarder dans un miroir ou à t'endormir le soir parce que la malveillance et la folie de ton propre esprit t'empêchaient de dormir. Donne-moi tes vices et tes erreurs de jugement, car je peux faire correspondre chacun d'entre eux avec les miens. Dis-moi toutes les façons dont tu es frappé par ta propre part d'obscurité.

Laisse-moi tomber amoureuse de tes parties les plus humaines – les batailles que tu ne peux pas mener, les blessures que tu ne peux pas guérir, toutes les façons dont tu n'es pas assez pour toi-même. Donne-moi tes joies et tes douleurs à parts égales parce que tu es le mélange le plus génial et le plus terrible des deux.

Je ne veux pas de tes bonnes intentions et de tes bons vœux. Je veux l'ensemble de toi, la profondeur de toi, l'étendue de tout ce que tu es et la lumière qui brille entre tes parties sombres. Laisse-moi tomber amoureuse de ce qui te manque, de ce que tu as perdu

et de ce à quoi tu t'accroches encore, à travers et malgré tout cela.
Montre-moi les choses que tu n'as pas encore perdues en chemin.
Et je te montrerai tes plus grandes forces.

JE REFUSE CATÉGORIQUEMENT D'ÉPOUSER QUELQU'UN SI NOS VŒUX NE SONT PAS LES SUIVANTS

T'épouser n'est pas la fin de ma liberté, c'en est le début. Tu es la personne avec qui je veux plonger la tête la première dans la vie. Quand je sors le week-end, c'est toi que je veux voir fermer le club avec moi. Quand je planifie une aventure, c'est toi que je veux voir tenir la carte. Quand je spécule sur l'avenir, c'est toi que je veux voir dans toutes les folies que j'imagine. Tu es la personne à qui je veux parler avec enthousiasme autour d'un verre à l'heure de l'apéritif. Tu es la personne avec qui je veux danser en sous-vêtements autour de la maison. Tu es la personne qui me fait sentir que le monde entier est grand ouvert et je veux en profiter. Je veux plonger dans l'avenir avec toi – parce qu'il semble plus grand et plus brillant à tes côtés que je n'aurais jamais pu l'imaginer.

Je ne veux pas m'installer avec toi. Je veux partir avec toi vers des pays lointains, des paysages étrangers, des joyaux et des coins du monde qui n'auraient eu l'air qu'à moitié incroyables sans toi à mes côtés. Lorsque j'enfile un sac à dos et que je me dirige vers l'aéroport, je veux que tu montes dans l'avion avec moi. Tu es la personne avec qui je veux me perdre, monter un camp, trébucher dans les rues sombres à 5 heures du matin après une longue nuit agitée dans une ville dont nous ne pouvons pas prononcer le nom. Quand je rentre à la maison et que j'ai des histoires ridicules à raconter à mes amis, c'est toi que je veux voir à l'appui de mes dires. Tu es la personne que je veux retrouver à la maison et la personne avec qui je veux m'échapper. Je veux que tu sois de toutes les aventures que je vivrai jusqu'à la fin de ma vie. Je veux faire tout ce qu'il y a à faire sur terre avec toi.

Je ne veux pas être la personne avec laquelle tu es toujours d'accord. Je veux être la personne que tu mets au défi – de changer, de grandir, de se développer d'une manière qui ne m'aurait jamais traversé l'esprit avant de te rencontrer. Je veux des débats passionnés à 3 heures du matin. Je veux des désaccords francs quand j'ai dépassé les bornes. Je veux des arguments passionnés sur la façon dont nous vivons parce que ton feu alimente le mien et je ne veux jamais que cette étincelle s'éteigne. Je veux être quelqu'un que tu n'as pas peur de défier parce que parfois j'ai besoin d'un coup de pouce supplémentaire. Et tu peux miser ta chemise que je te pousserai à mon tour.

Je ne veux pas me laisser aller maintenant que je t'ai – je veux me construire à tes côtés. Quelque chose en toi m'inspire à être plus grande, plus brillante, plus audacieuse que je n'ai jamais su que je pouvais le devenir. Et j'espère que je t'inspire aussi. Qu'ensemble, nous puissions nous encourager mutuellement à devenir les versions les plus complètes, les plus fortes et les plus féroces l'une de l'autre. Que dans dix ans, nous serons plus fiers que jamais de nous tenir l'un à côté de l'autre et que vingt ans plus tard, nous serons encore plus fiers. J'espère que tu ne t'attends pas à stagner en amour parce que quelque chose en toi me fait sentir comme mon meilleur moi sous stéroïdes et je n'ai pas l'intention de laisser ce sentiment s'éteindre.

S'il y a quelque chose qui ne m'inquiète pas, c'est que nous nous séparions. La vérité, c'est que je ne suis jamais tombée amoureuse de toi de toute façon ; j'ai marché vers l'amour – sûrement, délibérément et sans un regard en arrière. Je t'ai choisi dès le premier jour où je t'ai rencontré et bébé, je promets de continuer à te choisir. À chaque combat, je te choisirai. À chaque tentation, je te choisirai. À chaque rebondissement qui menace de nous séparer, je te choisirai avec la certitude féroce que j'ai ressentie depuis la première fois que j'ai posé les yeux sur toi. Je ne crains pas de tomber amoureuse de toi, bébé, parce que je ne suis jamais tombée amoureuse. T'aimer a été un choix conscient et éveillé, et c'est un choix que je continuerai à faire jusqu'au jour où mon cœur s'arrêtera de battre.

Maintenant, arrêtons avec ces vœux sans importance – il y a une fête à faire ! Nous avons des cadeaux à ouvrir, du champagne à boire et une lune de miel à vivre. Toute cette histoire de mariage est vieille et démodée, mais nous ne le sommes certainement pas. Après tout, on n'est jeune et sauvage qu'une fois. Et bébé, nos jours les plus fous ne font que commencer.

CE QU'ON RESSENT AU DÉBUT D'UNE RELATION APRÈS LA FIN DE TANT D'AUTRES

Au bout d'un certain temps, il y a un rythme pour tomber amoureux.

Tu rencontres quelqu'un. Tu tombes impitoyablement amoureux de cette personne. Et ça marche – pendant un certain temps. Tu te construis ces souvenirs – ceux qui semblent si uniques à toi et à cette seule autre personne. La façon dont il t'embrasse avec des mains fermes et des yeux ouverts. L'autoroute que vous empruntez avec les fenêtres baissées et la radio allumée. La façon dont il t'entoure de ses bras la nuit, qui te donne l'impression que le monde entier est en sécurité et serein pendant un instant. Tu tombes facilement dans la quiétude de combiner tes moments avec ceux de quelqu'un d'autre parce que tu as l'impression que tu peux lui faire confiance cette fois-ci. Comme si tout allait bien se passer. Comme si tu pouvais en rester là.

Sauf que ce n'est jamais le cas. Ce n'est pas toujours planifié ou délibéré. Ce n'est pas toujours dur ou malveillant. Mais une partie inhumaine de nous semble programmée pour s'effondrer et à un moment ou à un autre, c'est toujours le cas.

Tu te réveilles un matin de trop avec le côté droit du lit vide. Tu t'occupes de ta journée et tu réponds moins souvent à tes textos. Et finalement, le coup de théâtre arrive. Un travail dans une autre ville. Une rupture de communication. Un compromis que vous aimeriez peut-être tous les deux faire mais que vous refusez de faire. Il y a trop de principes qui nous guident et qui surpassent les émotions de base, alors nous les laissons nous séparer. Nous réapprenons à être seuls. Et ce n'est pas si mal, après tout – nous pouvons dépendre de nous-mêmes, nous pouvons planifier notre propre avenir, nous pouvons vivre notre vie pleinement et égoïstement sans avoir à nous soucier de qui nous blessons.

Jusqu'à ce que tout recommence. Tu sors dîner avec quelqu'un dont le sourire illumine ta soirée, dont le toucher te fait frissonner et dont les pensées te tiennent éveillée et te font chanceler pendant la nuit. Et c'est beau, parfait et authentique, sauf que tu ne peux pas t'empêcher de te rappeler que le début nécessite la fin.

Qu'un jour, cette personne qui illumine ton existence peut aussi être la personne que tu détestes – celle que tu rejettes de ta vie et que tu bloques de ton fil Facebook et qui grimace à la mention de son nom. Qu'un jour, tout ce que tu aimes chez cette personne peut aussi être la chose que tu détestes. Son rire sans prétention deviendra insupportablement agaçant. Sa bibliothèque innée de connaissances te semblera condescendante et sèche. Les mots et les phrases qui te prennent au dépourvu aujourd'hui seront un jour un puzzle que tu seras lassée de faire. Tu pourrais détester cette personne, tout aussi pleinement que tu l'aimes, et tu n'es pas sûr que le risque en vaille la peine. Elle t'envoie un texto un dimanche soir devant la télé et tu n'es pas sûr de ce que tu dois lui répondre.

« Tu penses qu'on devrait vraiment le faire ? » Tu as envie de lui demander. « Et si je finissais par te détester ? Et si tu tombais amoureux ? Et si toutes les bizarreries que nous admirons l'un chez l'autre en ce moment deviennent nulles et ennuyeuses au fur et à mesure que ça avance ? Et si mon esprit effervescent devient manipulateur et indiscret avec le temps ? Et si ta nature calculatrice devient épuisante ? Et si nous cessions de nous passionner l'un pour l'autre ? Et si je devenais une chose de plus que tu peux ignorer avec une indifférence détachée ? »

Tu as envie de poser ces questions pince-sans-rire, mais tu sais que les plus importantes sont celles que tu devrais te poser à toi-même.

Vas-tu le regretter ? Cela reviendra-t-il te hanter ? Dans quatre ans, souhaiterez-vous pouvoir revenir à ce moment précis et poser le téléphone ? Laisser le message sans réponse, laisser l'amour sans découverte, laisser chaque étape effrayante et exaltante que tu pourrais faire vers cette personne sans la parcourir ? Sauras-tu avec une telle clarté, bien plus tard, que rien de tout cela ne vaut la douleur que cela suscitera un jour ?

Et si tu connaissais la réponse à tout cela, répondrais-tu quand même au texto ?

Parce qu'il ne s'agit peut-être pas toujours de la finalité, aussi douloureuse et débilitante soit-elle. Et si ton moi futur pouvait voyager dans le temps et dire à ton moi actuel que la fin serait tout aussi atroce que tu le crains, mais que tu devrais quand même répondre à ce texto ? Que tu devrais faire ce saut. Que la relation dans laquelle tu vas t'engager va t'en apprendre plus sur l'amour, le monde et toi-même que tu ne pourrais jamais l'imaginer. Que cela vaudra chaque seconde de souffrance. Que l'amour est toujours là.

Et si tu savais que la personne dont tu vas tomber amoureuse sera un jour la mauvaise personne pour toi, mais que pour l'instant, elle est exactement ce dont tu as besoin ? Et si cela ne devait pas durer éternellement ? Et si ce n'était pas du tout le but ?

Peut-être avons-nous une quantité infinie et illimitée de choses à apprendre les uns des autres. Peut-être que nous n'avons aucune raison de ne pas sauter dans chaque nouvelle relation, chaque possibilité, chaque chance que nous rencontrons de devenir plus grand et plus audacieux grâce à l'amour, que cela fonctionne ou non. Peut-être qu'il s'agit simplement d'être assez courageux pour saisir cette chance. De répondre à ce SMS. De laisser les choses recommencer.

Parce que peut-être que la finalité en vaut la peine à chaque fois. Peut-être que le chagrin d'amour est un effet secondaire de quelque chose de si brillant qu'il finit par éclipser la destruction. Peut-être que certaines choses n'ont pas besoin de durer éternellement pour vous changer irrévocablement. Et une fois que tu as aimé suffisamment de personnes, c'est peut-être exactement ce que tu sais – que tu es assez forte pour y survivre. Assez forte pour en changer. Et assez forte et courageuse pour choisir le potentiel de croissance plutôt que la peur d'être blessée, à chaque fois.

EFFACE MON NUMÉRO S'IL TE PLAÎT

Parce que tu vas me manquer. Parce que tu vas surgir dans mon esprit un dimanche soir pluvieux, alors qu'il y a mon groupe de rock préféré en fond sonore, que je me suis servi un grand verre de vin et qu'une bouffée de ton ancien parfum me surprend soudain – s'attardant dans l'appartement comme un invité indésirable qui n'a jamais été convié à rester.

S'il te plaît, efface mon numéro. Parce que je vais vouloir t'appeler quand je postulerai pour ce travail que tu as toujours dit que je devrais faire, ou quand je me couperai les cheveux comme je n'ai jamais osé le faire, ou quand j'aurai ce chien dont nous avons toujours parlé et dont je ne sais pas à qui envoyer par texto la photo. Je vais vouloir t'appeler quand les Bleus gagneront et quand la dernière neige fondra et quand chaque longue nuit gorgée de vin s'achèvera et que je souhaiterai que ce soit encore toi que je retrouve en rentrant chez moi.

S'il te plaît, efface mon numéro – parce que je ne voulais pas finir ici. Parce que le mot « Peut-être » est la forme de torture la plus lente que tu aurais pu choisir, traînant un espoir qui est mort depuis longtemps malgré ton refus catégorique de l'enterrer. Parce que « peut-être » ne signifie pas « cela pourrait arriver ».

Cela signifie : « J'ai trop peur pour partir, mais je ne suis pas assez fort pour rester. »

Cela signifie : « Tu vas me manquer mais pas assez pour être avec toi ».

Cela signifie : « Je t'aime mais pas assez pour rester et me battre ».

S'il te plaît, efface mon numéro – parce que moi je ne veux pas t'effacer. Parce que moi je te veux avec une certitude que tu n'auras peut-être jamais. Parce que je n'ai pas besoin de réfléchir à deux fois pour savoir si j'ai envie de répondre à tes textos ou de décrocher tes appels téléphoniques. Parce que je suis sûre de moi. Parce que je n'aime pas les gens à moitié et c'est là que toi et moi, on diffère. Je ne veux pas d'un coup de fil occasionnel. Je ne veux pas jouer à ton jeu épuisant.

S'il te plaît, efface mon numéro parce que je ne vais pas me contenter de tes peut-être. Je veux du solide. Je veux du concret. Je veux des gens qui appellent quand ils disent qu'ils le feront et qui se pointent quand ils ont prévu de le faire. Je ne veux pas passer ma vie à attendre et à galérer pour une personne qui ne peut aimer qu'à moitié. Je ne veux pas de tes textos, tard dans la nuit qui disent,

« Tu me manques » ou

« Je suis désolée » ou

« J'ai juste besoin d'un peu plus de temps ».

S'il te plaît, efface mon numéro – parce que j'efface le tien. Et tu pourras trouver quelqu'un d'autre à qui envoyer tes « peut-être ».

VOICI COMMENT ARRÊTER D'ATTENDRE SON RETOUR

Tu arrêtes d'attendre qu'il revienne en devenant profondément mal à l'aise. Tu traverses les endroits où tu aimerais qu'il soit encore et tu te prends toi-même par la main. Tu ne te mens pas à toi-même en te disant que tout va être facile, joyeux et différent d'une manière merveilleuse – pas encore. Tu plonges d'abord au plus profond de l'eau sombre et trouble de leur absence et tu la laisses t'envelopper. Tu ressens leur absence au plus profond de toi. Tu l'absorbes exactement de la façon dont tu as peur. Tu la laisses couler sous ta peau.

Tu arrêtes de l'attendre en laissant les choses changer. Tu te coupes les cheveux et tu sais qu'ils ne les verra jamais. Tu quittes ton travail et tu sais que tu ne lui parleras jamais du nouveau. Tu laisses entrer dans ta vie des gens dont tu sais qu'ils n'auront jamais l'occasion de t'aimer, de te détester ou de s'asseoir la nuit pour discuter avec toi. Tu laisses le modèle délicat de la vie que tu avais construit avec lui se dissiper et changer de forme à l'arrivée de chaque nouveau tournant. Tu n'es pas d'accord avec ça et tu laisses faire. Tu te prépares à chaque fois à l'impact. Tu sais qu'un jour le changement reviendra naturellement et même cela te semble un peu triste.

Tu arrêtes d'attendre en étant vulnérable avec quelqu'un d'autre. Tu commences à livrer tes secrets – ceux que tu pensais être en lieu sûr avec lui, jusqu'à ce que soudain, ils ne le soient plus. Tu réalises que le fait de te connaître profondément n'est pas une expérience qui lui était exclusive et tu laisses cela être aussi surprenant que décourageant. Tu laisses de nouvelles formes d'intimité entrer dans ta vie et tu les laisses te paraître étrangères pendant un certain temps.

Tu arrêtes d'attendre son retour en réalisant que la douleur est une composante inévitable pour aller de l'avant. Tu arrêtes d'attendre que le gouffre dans ton cœur se referme et tu fais les pas qu'il faut sur des jambes tremblantes et incertaines. Tu réalises que parfois, c'est vraiment la seule façon d'aller de l'avant : avec tristesse et incertitude et bien avant d'être prête. Que si tu attends de te sentir prête, tu risques d'attendre éternellement.

Tu arrêtes d'attendre que quelqu'un revienne en choisissant d'avancer sans lui. Et c'est peut-être la vérité la plus triste et la plus simple – que nous devons délibérément nous éloigner des personnes que nous avons aimées et perdues, sinon nous resterons perdus à leurs côtés. Cette avancée, seule, n'est peut-être pas l'option la plus souhaitable, mais c'est la seule que nous ayons. Et nous n'avons pas le droit d'échanger notre jeu.

La vérité sur le fait de cesser d'attendre quelqu'un, c'est que finalement, un jour, quelqu'un d'autre doit se présenter pour prendre sa place. Et cette personne, c'est toi. Tu dois te présenter à ta nouvelle vie, à ton nouveau monde et à ta nouvelle façon de faire les choses, même si cela te semble douloureux et brutal. Tu dois faire face à l'avenir que tu n'avais pas prévu et à la vie que tu ne savais pas que tu mènerais. Tu dois cesser de te présenter au pays de « ce qui était avant » et de « ce qui pourrait être encore », et te présenter à ce monde. Celui qui fait mal. Celui qui est injuste. Le monde qui est là, parce que c'est le seul qui te reste.

Tu arrêtes d'attendre qu'il revienne grâce à une série d'étapes lentes et délibérées qui t'éloignent de la vie que tu pensais avoir et te rapprochent de celle qui t'attend. C'est la vie qui apparaît une fois que tu as pris la décision consciente et inconfortable de laisser le passé derrière toi. D'apprendre des personnes que tu as perdues et d'accepter les personnes que tu as laissées telles qu'elles sont. Accepter la vie que tu as laissée. Et de t'y rattacher aussi pleinement et entièrement que tu souhaiterais pouvoir y rattacher quelqu'un d'autre.

ON N'A PEUT-ÊTRE PAS DROIT À UN AUTRE UNIVERS

Nous aimons tous la théorie des univers parallèles, appelée aussi théorie des univers multiples.

Nous l'avons aimée quand William James l'a inventée. Nous avons aimé les débats explosifs qui ont suivi. Nous aimons l'idée que ce monde n'est pas le seul dans lequel nous sommes coincés et qu'il existe une infinité d'alternatives.

Nous aimons la théorie des univers multiples parce qu'elle nous permet de croire que toutes les personnes que nous ne sommes pas devenues, toutes les routes que nous n'avons pas empruntées, toutes les fois où nous avons tourné à gauche alors que nous aurions dû tourner à droite, ne se sont pas flétries et n'ont pas péri d'une mort insensée. Nous aimons croire que quelque part, il existe un univers où nous aurions pu faire l'autre choix. Celui qui aurait pu nous changer. Nous aurait fait grandir. Qui aurait fait de nous des personnes plus grandes et plus courageuses que celles que nous sommes devenues à la place.

Ces autres univers hypothétiques nous permettent tant d'indulgences. C'est là que nous pouvons décharger nos cœurs, nos échecs et nos regrets. Dans un certain univers, ces choix ne sont pas les miens. Dans une autre vie, j'ai tout fait mieux.

J'avais l'habitude de croire qu'il y avait plusieurs univers pour toi et moi.

Il y avait celui où nous tenions bon. Celui où nous sommes restés ensemble, où nous avons travaillé ensemble, où nous avons surmonté nos chagrins d'amour et où nous nous sommes pardonnés l'un l'autre pour tout cela.

Il y avait celui où il n'y avait rien à pardonner – où nous avons grandi aussi lentement qu'il le fallait, où nous n'avons jamais eu à nous retourner l'un contre l'autre, où nous n'avons pas eu d'ambitions plus grandes, d'yeux errants ou d'espoirs déçus et mal placés, serrés trop fort contre nos poitrines. Celui où tout se passait comme prévu.

Il y avait celui où c'était plus simple, plus facile, plus pur. Celui où nous voulions les mêmes choses, riions aux mêmes blagues, aimions nos familles respectives comme si elles étaient les nôtres. Où mes ambitions ne t'écartaient pas et où ton insipide manque de confiance ne nous déchirait pas aux coutures. Dans cet univers, nous avions des chats. Dans cet univers, j'avais l'impression d'être plutôt une personne à chats.

Au fil des ans, je me suis rendu folle à force d'imaginer tous ces univers pour toi et moi. Si seulement si. Et si seulement j'avais fait ça. En retraçant notre histoire, il y a tant de moments où nos galaxies se sont séparées en deux. Nos étoiles se sont écartées, nos planètes se sont éloignées rapidement et nous nous sommes retrouvés sur des chemins complètement différents de ceux que nous aurions dû emprunter.

Mais nous ne vivons dans aucun de ces autres univers.

Nous vivons dans celui-ci, celui où nous nous sommes perdus.

Et c'est l'univers le plus difficile à accepter.

De tous les univers possibles, nous avons atterri dans celui qui nous a brisés. Celui où deux moitiés ne font pas un tout et où chaque grain de sable s'est transformé en montagne. C'est l'Univers où, de dix mille façons minuscules, nous n'étions pas faits l'un pour l'autre. C'est celui où nous ne le serons jamais.

Je pense que tant d'amoureux obtiennent ces Univers alternatifs, où ils sont plus heureux, plus libres et plus épanouis l'un à côté de l'autre. Mais j'aime à penser que nous n'en avons pas. J'aime à penser que peu importe les routes que nous avons empruntées, les décisions que nous avons prises, les erreurs de jugement que nous avons commises, il n'y a pas d'univers qui aurait pu nous sauver.

Je veux que nous soyons cet unique problème dans la matrice. Je veux que tout cela échappe à notre contrôle.

Parce que la vérité au sujet de l'amour que j'ai pour toi, c'est que j'aurais parcouru un nombre infini d'univers pour essayer de trouver celui qui nous conviendrait le mieux. Celui qui nous aurait comblés, renforcés, qui nous aurait permis d'être les partenaires que nous devions être l'un pour l'autre.

Mais il y a trop de galaxies. Il y a trop de fractures, trop d'éclats, trop de moments où les routes ont divergé et où les manifestations de nos choix se sont divisées en dix mille vies alternatives. Il y a suffisamment de "et si" pour que je m'y perde à jamais, et je ne veux plus passer mon temps à courir après notre cosmos.

Je suis prêt à revenir dans cet univers-ci.

Je suis prête à accepter qu'il n'y ait peut-être pas d'autre univers pour nous. Et peut-être que ce n'est pas grave.

Il y a encore assez d'Univers ici pour moi.

Et peut-être que c'est dans cet Univers que j'apprendrai à ne plus avoir besoin de toi.

QUAND TU DOIS LAISSER LES BONNES CHOSES DERRIÈRE TOI

Nous ne serons pas toujours prêts à faire face aux changements que la vie nous propose.

Il y aura des moments où nous pourrons rester exactement là où nous sommes heureux – lovés dans le confort de tout ce que nous voulons, de tout ce que nous avons et de tout ce avec quoi nous sommes à l'aise. Il y aura des moments où nous nous battrons, où nous nous efforcerons de comprendre les choses et d'arriver à notre prochaine destination. Et peut-être que le moment le plus difficile de tous sera le gouffre qui existe entre ces deux périodes – quand quelque chose arrache de façon inattendue ce que nous voulons et nous force à le laisser derrière nous. Lorsque nous devons nous éloigner avant d'être prêt à le faire. Lorsque nous devons laisser ce que nous voulons et ce que nous aimons dans le passé.

Il n'y a rien de plus difficile que de s'éloigner de ce que nous aimons avant d'y être préparés. Même lorsque chaque fibre de notre être comprend que nous devons partir, nous voulons rester.

Nous voulons nous attarder. Nous voulons trouver une échappatoire ou un raccourci qui nous permette de tout avoir. Nous oublions qu'il y a un avenir. Une partie incorrigible de nous oublie si facilement qu'il y a de bonnes choses à venir. Des choses meilleures, même. Et c'est peut-être ce que nous avons le plus besoin de comprendre lorsque nous sommes confrontés à ces périodes de transition – que tous nos meilleurs moments ne sont pas derrière nous.

Nous devons croire qu'il y a tellement, tellement de meilleures choses à venir que tout ce que nous avons laissé dans le passé. Tu dois avoir foi en l'avenir, en l'inconnu, en ces lendemains et ces jours qui s'enchaîneront d'une manière que tu ne peux pas imaginer de là où tu te trouves. Tu dois avoir foi en toi-même – foi que tu te rendras là où tu veux aller, même si tu n'es pas encore tout à fait certaine de l'endroit où tu te trouves. Tu dois croire que ton futur toi-même trouvera la solution. La foi que tu vas te battre pour toi-même avec autant de détermination et de passion que tu mérites qu'on se batte pour toi, quelle que soit ta prochaine destination.

Tu dois te souvenir de chaque jour sombre qui a précédé certains des meilleurs jours de ta vie et réaliser que c'est là que tu te trouves en ce moment – au milieu de ce jour pluvieux où il semble que tout va mal. Tu n'étais pas à la fin de l'histoire à l'époque et tu n'es pas à la fin de l'histoire maintenant. Ce n'est pas parce que la scène dans le rétroviseur semble plus belle que la scène sur la route devant toi que tu n'atteindras jamais une autre belle destination. Cela signifie simplement que tu n'y es pas encore.

Lorsque tu laisses derrière toi un lieu, une personne ou une période de temps où tu étais heureuse, tu dois te ramener au point de départ. Tu dois te rappeler à quel point tu as trouvé de façon inattendue beaucoup de choses qui ont fini par changer ta vie – à quel point les cartes étaient apparemment empilées au hasard juste avant qu'elles ne se déroulent de la façon dont elles l'ont fait.

Tu dois te rappeler que l'Univers est infiniment plus chaotique que ce que nous lui attribuons – qu'il y a des gens que tu vas rencontrer et dont tu n'aurais pas pu rêver si tu avais essayé. Qu'il y a des situations que tu rencontreras et que tu n'aurais jamais imaginé vivre. Qu'il y aura des jours débordant de plus de bonheur et de lumière que tu ne pourrais l'imaginer de là où tu te trouves. Tu dois penser à toutes les fois où la vie t'a surpris pour le meilleur et savoir qu'elle peut le faire à nouveau. Qu'elle le fera à nouveau tant que tu resteras ouvert à ces changements. Tant que tu ne laisses pas la fin te fermer aux nouveaux commencements qui t'attendent.

Il est rare et merveilleux de trouver un endroit, une personne ou une situation qui vous donne envie de vous attarder plus longtemps. Nous sommes des créatures du passé et de l'avenir, toujours en train de pleurer ce que nous avons fait ou de foncer sans crainte vers ce qui nous attend.

Lorsque le bonheur nous atteint, nous voulons tous nous y accrocher aussi fermement et impitoyablement que possible. Nous voulons le capturer et le garder entre nos paumes pour toujours, sans réaliser que nous devons le laisser partir pour qu'il ait un sens. Que nous devons continuer à avancer, à faire face à l'avenir, à nous diriger constamment vers la peur et l'inconnu. Que tous les meilleurs moments de notre vie nous attendent encore de l'autre côté.

Lorsque nous devons laisser derrière nous les choses que nous aimons, nous avons le droit d'en faire le deuil. De les regretter. De regarder en arrière, dépités et tristes. Mais nous ne devons jamais, au grand jamais, oublier que les meilleurs jours de notre vie ne sont pas tous derrière nous. Qu'il y a plus de choses merveilleuses qui nous attendent dans l'avenir que nous ne pourrions jamais imaginer. Que tant de nos jours les plus heureux sont encore devant nous. Et que nous devons continuer à avancer pour y arriver – même si la vue dans le rétroviseur est très tentante. L'avenir que nous voulons n'arrivera pas sans notre participation. Et pour y arriver, nous devons avoir une confiance aveugle et béate dans le fait que ce sera un endroit qui vaut vraiment la peine d'être visité.

ET SI JE TE RECONQUÉRAIS ?

Et si je me présentais devant chez toi la veille de ton vingt-cinquième anniversaire, le coeur sur la main et les mots que tu as toujours eu besoin d'entendre qui n'étaient plus coincés dans ma gorge ? Et si tu courais dehors pour me rejoindre et que je te servais un monologue enflammé de tout ce que je n'ai jamais pu dire lorsque nous étions allongés l'un à côté de l'autre, trop effrayés à l'idée qu'un mauvais mot ou un mouvement étrange puisse tout faire s'écrouler ? Et si tu m'écoutais ? Et si tu me prenais dans tes bras et m'embrassais avec la détermination brute que tu avais à dix-huit ans, quand nous étions encore tellement timides l'un envers l'autre que nous n'étions pas sûrs de trouver un jour un moyen de nous réunir ? Et si on avait tout recommencé, là, devant chez toi ?

Et si tu n'étais jamais parti ? Et si nous vivions toujours dans cet appartement de célibataire, avec l'évier suspendu au-dessus des toilettes et les mouvements cagneux de nos corps qui ne s'adaptent jamais tout à fait à l'espace que nous nous sommes taillé l'un pour l'autre ? Et si la vieille propriétaire zélée régnait sur l'immeuble, gâchant les soirées avec ses discours à moitié compréhensibles sur le salut et la rédemption et les tourments qui attendent ceux d'entre nous qui n'y croient pas ? Et si nous croyions l'un en l'autre ? Et si je te disais que j'étais désolé ? Et si tu rentrais à la maison chaque soir avec la télévision réglée au volume que tu aimes, avec ton dîner préféré qui attend sur la table et tes parents qui bavardent avec moi à l'autre bout du fil depuis longtemps parce que j'ai décidé d'essayer ? Et si j'avais changé pour toi ? Et si tu avais changé pour moi aussi ?

Et si, par un étrange coup du sort, nous nous retrouvions tous les deux amnésiques ? Et si nous avions tout oublié l'un de l'autre – nos noms, nos anniversaires, nos secrets, nos échecs et nos triomphes, comme dans ce film où Jim Carrey devait se cacher sous la table de la cuisine de sa mère en pyjama en espérant que son esprit ne le rattraperait jamais ? Et si mon regard avait croisé le tien à l'épicerie, en passant devant le rayon des olives que tu devais toujours acheter, et que tu m'avais surprise en train de froncer le nez avec dégoût, et que tu avais trouvé ça attachant au lieu de frustrant à nouveau ? Et si tu me demandais mon nom ? Et si je te disais ce que c'est ?

Et si tu m'emmenais à un rendez-vous – doux et simple, dans ce vieux bistrot italien que nous avons toujours aimé ? Et si mes lèvres se sentaient bien sur les tiennes, si mon corps se courbait tout simplement dans le tien, si nos esprits ne se souvenaient pas mais que nos mains n'oubliaient jamais ce que signifiait autrefois se toucher l'un l'autre ? Et si c'était plus étrange que ce que nous avions connu, mais plus simple que ce dont nous aurions pu rêver ?

Et si nous recommencions depuis le début – chaque première fois, chaque faux pas, chaque ralentissement que nous avons rencontré en chemin ? Et si nous essayions cette fois-ci ? Et si nous tournions à gauche à chaque endroit où nous avons tourné à droite, si nous

nous battions à chaque fois que nous abandonnions, si nous nous criions dessus avec tant de ferveur que tous les voisins allumaient leurs lumières et faisaient les cent pas devant notre porte avec inquiétude, et pourtant nous choisissions de rester, à chaque fois ? Et si ma main avait serré la tienne le jour de notre cinquante-troisième anniversaire de mariage et que je savais qu'il n'y avait pas de meilleure décision à prendre que de passer toute ma vie à t'aimer ? Et si nous avions réussi ? Et si notre histoire durait toute une vie et devenait le titre entier du livre ?

Et si j'avais tort ?

Et si je savais, dès la seconde où tu as franchi la porte, qu'il n'y a qu'une seule fin à cette histoire ? Et si nous avions essayé tout ce qu'il restait à essayer et que nous avions découvert qu'aucune amnésie, aucun coup du sort ne suffirait à nous sauver maintenant ? Et si je te laissais partir ?

Et si nous continuions notre vie, que nous étions heureux, épanouis et parfois perdus dans le chaos, mais qu'il y avait une chose à laquelle nous ne pouvions jamais nous raccrocher, c'était l'autre ?

Et si nous découvrions que nous n'en avons pas besoin ? Et si nous découvrions un jour une sorte de bonheur si incompréhensible que nous n'avons même jamais pensé à le rechercher ? Et si nos vies n'étaient censées se croiser que le temps de créer le contraste dont nous avions besoin pour continuer à vivre le reste ? Et si nos mains saisissaient les mains abîmées de quelqu'un d'autre à la fin de nos vies incroyables et revivaient des souvenirs que nous n'aurions jamais pu imaginer depuis l'endroit où nous nous trouvons en ce moment ?

Et si je ne t'avais jamais reconquise ?

Et si – même si nous détestons l'admettre – c'était la fin la plus heureuse de toutes ?

COMMENT AIMER QUELQU'UN QUE TU NE PEUX PAS RETENIR ?

Nous sommes tous tombés amoureux de personnes temporaires.

Ils viennent aussi vite qu'ils partent de nos vies ; avec leurs esprits en ébullition, leurs corps ravageurs et leurs cœurs authentiques et grands ouverts. Ils sont des ouragans, de la folie et des boulets de démolition ; ils sont des rayons de soleil et des renoncements heureux.

Nous voulons nous abriter des tempêtes que ces personnes incarnent, mais nous voulons aussi marcher en plein milieu d'elles. Nous voulons leur chaos et leur folie ; nous les voulons comme d'autres ont un jour voulu les nôtres.

On nous conseille de ne pas nous laisser séduire par ces personnes. Et pourtant, nous le faisons, sachant très bien que nous ne pouvons pas les garder. Comment pourrions-nous ne pas le faire, après tout ?

Nous voulons leur présent et leur passé. Nous voulons leurs demi-sourires endormis autour d'un café tous les matins et leurs bras robustes pour nous bercer jusqu'à ce que nous nous endormions. Nous voulons leurs samedis soirs arrosés de vin et leurs dimanches matin paresseux. Nous voulons leurs mots et leurs silences ; leurs faiblesses et leurs forces. Nous voulons la totalité des personnes que nous aimons, mais on ne nous en donne parfois qu'une fraction. Voici donc ce que nous en faisons à la place.

Lorsque nous ne pouvons pas nous accrocher aux personnes que nous aimons, nous enroulons leurs souvenirs entre nos cordes sensibles et nous les portons avec nous. Nous nous souvenons de l'éclat de leur rire les jours où la pluie tombe à torrents. Nous imaginons les courbes de leur peau lorsque nous avons besoin de savoir que tout n'est pas perdu. Nous prenons les moments que nous partageons avec ces personnes et nous les figeons, nous les immortalisons, nous les gardons préservés et vivants à l'intérieur des anciens musées de nos esprits.

Parce que l'amour n'a pas besoin de durer éternellement pour laisser une impression durable.

Nous n'avons pas besoin de maudire, d'en vouloir et d'oublier les personnes que la vie ne nous a pas permis de retenir. Nous n'avons pas à nous débarrasser de leurs impressions et à nous mettre à l'abri de leur impact. Nous avons le droit de les laisser entrer. Nous avons le droit de leur donner de l'importance. Nous avons le droit de nous engager dans la folie temporaire de tomber amoureux de quelqu'un qui ne tiendra pas notre main infirme et ridée dans cinquante ans.

Parce que certaines personnes ne sont tout simplement pas destinées à rester pour toujours. Certaines personnes entrent dans nos vies pour une saison, pour une raison, dans le simple but de nous montrer le monde d'une façon que nous n'aurions jamais vue autrement.

Et que pouvons-nous faire d'autre que de nous accrocher à ces personnes tant que nous les avons ?

Que pouvons-nous faire d'autre que de nous laisser enchanter par l'éclat de leur esprit, par la pureté de leur âme, par la force, l'intensité et le contraste qu'ils projettent dans les coins incolores de notre vie ?

Que pouvons-nous faire d'autre que de mémoriser le parfum de leur peau, le goût de leur corps et la sagesse de leur esprit toujours en mouvement, tant que nous les avons encore capturés dans les coins tangibles de notre univers ? Que pouvons-nous faire d'autre que de les aimer avec tout ce que nous avons avant qu'ils ne disparaissent ?

Après tout, nous ne savons jamais combien de temps il nous reste. Peut-être qu'une personne qui vaut la peine d'être connue ne vaut la peine d'être connue que pour un court moment. Peut-être que toute personne qui vaut la peine d'être aimée vaut la peine d'être aimée de façon inconditionnelle.

Et quand on voit les choses sous cet angle, cela ne semble pas si insupportable que cela : se permettre d'aimer quelqu'un avec tout ce que l'on a – et ensuite de le laisser partir complètement.

C'EST MOI QUI TE LAISSE PARTIR

C'est moi qui accepte que tu partes. C'est ma prise de conscience qu'il n'y a plus d'argument à faire valoir, plus aucun angle à exploiter, plus aucun plaidoyer ou négociation que je pourrais tenter pour te faire changer d'avis et rester. C'est ma subtile résignation à notre chute. C'est la fissure qui court entre nos deux cœurs, qui s'est transformée en vallée et qui nous a engloutis. C'est mon acceptation de tout ce que je n'ai pas pu combler.

C'est moi qui sais que nous n'avons pas le droit de recommencer – ni la dernière nuit où je me suis endormi à tes côtés, ni la dernière fois où je t'ai dit que je t'aimais, ni le premier moment où j'ai senti que nous commencions à nous éloigner l'un de l'autre. Je sais que nous n'avons pas toujours de seconde chance. Je sais que je ne peux pas remonter le temps et t'embrasser plus lentement, t'aimer plus fort, m'attarder cinq minutes de plus au lit chaque matin où je me suis réveillé à tes côtés. C'est moi qui sais que je ne peux pas rembobiner l'histoire et te demander ce qui n'allait pas chaque soir où tu rentrais à la maison avec une énigme dans les yeux mais aucune réponse sur les lèvres. C'est moi qui sais que nous ne pourrons pas revenir en arrière.

C'est mon acceptation du fait que tu vas me manquer, qu'il y aura des nuits où je me blottirai dans mon lit avec un roman et une tasse de thé chaude et que ton absence sur le côté gauche du lit sera un gouffre qui se creusera et m'enveloppera. Que pendant longtemps, je vais te voir partout – dans les visages des étrangers, dans les photos et les souvenirs qui se déchireront dans mon cœur pendant des mois après ton départ. C'est la prise de conscience que ton absence va devenir un deuxième battement de cœur dans mon corps, fort et vibrant à l'intérieur de chaque endroit où tu t'es attardé et où tu es parti. Ce sont mes signes vitaux affaiblis, qui battent en désynchronisation avec les tiens pendant un certain temps.

C'est ainsi que je sais que la vie continue. Savoir qu'un jour, je ne penserai plus à l'amour comme à un sentiment exclusif à toi et moi, aussi fou que cela me paraisse en ce moment. Je finirai par rencontrer quelqu'un de nouveau – quelqu'un qui aime les aliments que tu détestes, qui rit des choses que tu ne trouves pas drôles et qui apprécie les parties de moi que tu n'as jamais découvertes. Que certains jours, au petit matin, je vais me réveiller à côté de lui et oublier – juste pour un instant – que ce n'est pas ton corps qui est emmêlé dans le mien. C'est moi qui sais que ces moments me vaincront – que je vais devoir m'entraîner à me tenir au bord de ton abîme sans y tomber complètement. C'est mon espoir que l'écart se réduise avec le temps.

C'est ma vision des choses. Qu'un jour, je vais me marier et que tu ne seras pas là. Que la bague qui sera glissée à mon doigt sera choisie par quelqu'un d'autre et que les personnes assises au premier rang, les yeux brillants et le cœur battant, ne seront pas des membres de ta famille. C'est mon acceptation de l'absurdité finie de savoir qu'un jour je vais promettre ma vie à quelqu'un qui n'est pas toi et qui sera peut-être même heureux de le faire. Qu'un jour, je verrai les changements et les débuts d'une manière que je n'ai jamais vue avec toi.

C'est moi qui sais que nous allons vieillir. Que ta vie va être énorme, importante et pleine d'amour, mais que tout cela va transpirer sans moi. Que je ne serai pas là pour porter un toast à ton 50e anniversaire, pour applaudir à ta promotion ou pour me glisser à tes côtés les soirs où le poids du monde est trop lourd à porter. Que tes pertes et tes gains ne seront pas alignés sur les miens. Qu'un jour, lorsque tu tiendras ton premier-né dans tes bras, ce ne sera pas moi qui l'y aurai placé.

C'est moi qui sais que je dois te laisser partir. Peu importe à quel point je t'aime, à quel point nous travaillons dur ou à quel point nous voulons tous les deux être heureux, nous ne serons jamais les bons partenaires l'un pour l'autre. C'est mon acceptation du fait que les meilleures choses ne sont jamais directes et que je veux que tu prennes n'importe quel chemin tortueux et tordu que tu dois prendre s'il te mène vers tes rêves. C'est moi qui sais que je dois faire ce qui est juste. Que parfois, la meilleure chose que tu puisses faire pour quelqu'un que tu aimes, c'est de le laisser partir – pour faire plus, ressentir plus, être plus que la personne qu'il n'aurait jamais pu devenir à tes côtés.

C'est donc moi qui me délie les doigts.

C'est mon adieu, ma réticence, mon chagrin d'amour et mon dernier cadeau pour toi.

C'est moi qui te laisse partir.

Demande personnelle de l'auteur

J'espère que tu as trouvé dans ces quelques pages des résonances avec ta propre vie, des pensées qui t'accompagnent et t'aident à y voir plus clair.

Si ce livre t'a touché et apporté quelque chose d'important, je t'invite à partager ton expérience ou simplement me donner ton avis.

Les commentaires sur Amazon sont un précieux soutien pour moi en tant qu'auteure, mais aussi et surtout une aide pour d'autres personnes en quête de ces mêmes échos dans leur propre vie.

Ton avis est très important et peut éclairer le chemin de quelqu'un d'autre.

Merci de m'avoir accordé ton temps et ton attention.

Que tes pas soient légers et ton cœur en paix.

Avec toute ma gratitude,

Laure

👇👇👇

Printed in France by Amazon
Brétigny-sur-Orge, FR

18144491R00068